大家小书

金性尧 著

三国谈心录

北京出版集团公司
北京出版社

图书在版编目（CIP）数据

三国谈心录 / 金性尧著. —北京：北京出版社，2016.7
（大家小书）
ISBN 978-7-200-11991-6

Ⅰ.①三… Ⅱ.①金… Ⅲ.①史评—中国—三国时代—文集 Ⅳ.①K236.07-53

中国版本图书馆CIP数据核字（2016）第064854号

总策划：安 东 高立志 责任编辑：陶宇辰

· 大家小书 ·

三国谈心录

SANGUO TANXIN LU

金性尧 著

*

北京出版集团公司
北京出版社 出版
（北京北三环中路6号 邮政编码：100120）
网　　址：www.bph.com.cn
北京出版集团公司总发行
新 华 书 店 经 销
北京华联印刷有限公司印刷

*

880毫米×1230毫米　32开本　7印张　100千字
2016年7月第1版　2018年5月第3次印刷
ISBN 978-7-200-11991-6
定价：36.00元
质量监督电话：010-58572393

序　言

袁行霈

"大家小书",是一个很俏皮的名称。此所谓"大家",包括两方面的含义:一、书的作者是大家;二、书是写给大家看的,是大家的读物。所谓"小书"者,只是就其篇幅而言,篇幅显得小一些罢了。若论学术性则不但不轻,有些倒是相当重。其实,篇幅大小也是相对的,一部书十万字,在今天的印刷条件下,似乎算小书,若在老子、孔子的时代,又何尝就小呢?

编辑这套丛书,有一个用意就是节省读者的时间,让读者在较短的时间内获得较多的知识。在信息爆炸的时代,人们要学的东西太多了。补习,遂成为经常的需要。如果不善于补习,东抓一把,西抓一把,今天补这,明天补那,效果未必很好。如果把读书当成吃补药,还会失去读书时应有的那份从容和快乐。这套丛书每本的篇幅都小,读者即使细细地阅读慢慢地体味，也花不了多少时间，可以充分享受读书的乐趣。如果把它们当成补药来吃也行，剂量小，吃起来方便，消化起来也容易。

我们还有一个用意，就是想做一点文化积累的工作。把那些经过时间考验的、读者认同的著作，搜集到一起印刷出版，使之不至于泯没。有些书曾经畅销一时，但现在已经不容易得到；有些书当时或许没有引起很多人注意，但时间证明它们价值不菲。这两类书都需要挖掘出来，让它们重现光芒。科技类的图书偏重实用，一过时就不会有太多读者了，除了研究科技史的人还要用到之外。人文科学则不然，有许多书是常读常新的。然而，这套丛书也不都是旧书的重版，我们也想请一些著名的学者新写一些学术性和普及性兼备的小书，以满足读者日益增长的需求。

"大家小书"的开本不大，读者可以揣进衣兜里，随时随地掏出来读上几页。在路边等人的时候，在排队买戏票的时候，在车上、在公园里，都可以读。这样的读者多了，会为社会增添一些文化的色彩和学习的气氛，岂不是一件好事吗？

"大家小书"出版在即，出版社同志命我撰序说明原委。既然这套丛书标示书之小，序言当然也应以短小为宜。该说的都说了，就此搁笔吧。

一分明月一分书

傅月庵[*]

人的阅读习惯，往往随着年纪的增长而不断改变。少年岁月多惨绿，读诗读文，总希望越浓越洌越新奇多变越得我心。中年伤于哀乐，渐知世路多艰，做人实难，情到深处浓转薄之后，读史读论，曲径通幽，平淡见真的文章竟成了最爱。两岸开放以来，图籍互通，硕学大儒如陈寅恪、钱锺书的"惊世"文章固不必论，真正让人心折而又每每有"惊艳"之感的文史随笔作家，数来数去，我的最后名单中，竟不外乎金性尧、黄裳、张中行、谷林、常风这几位老先生。其中尤以金性尧先生的论史文章，最是让人钦佩，捧读之余，想见其人，总有无限的仰慕。

金先生是浙江定海人，他一辈子没有跨进过学校的门槛，

---

[*] 傅月庵，台湾远流出版社原主编、资深编辑。

连小学文凭都拿不出来。真正的求学经验，就是在两间私塾启蒙识字后，全凭自修而成。说是"自修"，很大一部分跟天性、环境都有关系。金先生从小爱看书，家中业商，不甚管束，因此从《三国》《水浒》《红楼》，公案小说直直看到鸳鸯蝴蝶派。为了买书，还曾冒用父亲账户暗中"偷买"，闯出祸来。最后一路读进新文学领域，边读边写，书缘际会认识了阿英、郑振铎、傅东华、赵景深这些文坛前辈，甚至还跟鲁迅通信请益过，如此几已注定走上"吃文字饭"一途了。不过，他并没有以写作为业，而是当了一辈子的编辑。

金先生的编写生涯大约可分为两阶段。三四十年代，以杂志为主，编过《鲁迅风》《萧萧》《文史》等刊物，并为《文汇报》《古今》杂志写稿。解放前，出版过《星屋小文》《文抄》《风土小记》等书，颇为时重。五十年代，金先生分发进入"中华书局上海编辑所"（后改名为"上海古籍出版社"）工作。其后，与时浮沉，跟千千万人的命运一样，被卷入时代风暴之中。"文化大革命"时期，人靠边站，书全没收，一家人都成了"黑五类"，已怀身孕的长女更含冤惨死异乡。八十年代之后，路渐平，人渐老，却因所编注的《唐诗三百首新注》《宋诗三百首》《明诗三百首》这三本书，编选得当，注解详尽，雅俗共赏，而广受瞩目。与此同时，老先生也不忘抽空笔耕，钩沉史料，絮述掌故，写出了《清代笔祸录》《伸脚录》《不殇录》《饮河录》《土中录》等书，知识之广博、趣味之盎然，同样使他获得海内外众多读者的爱戴。

金先生老年所写文章，除了少数怀旧忆往者之外，几乎都是考评史事、议论诗文的随笔文章。时间可从上古一直到晚清，范围则自《诗经》以降，无所不谈。所论大约都是人们耳熟能详的题目，却总能从细微处着墨，评骘古今得失，别有所得。同样为我所敬重心仪的大陆文史学者扬之水女士论及他的文章特色，曾这样说道：

> 先生之文，不以文采胜，亦非以材料见长，最教人喜欢的，是平和与通达。见解新奇，固亦文章之妙，但总以偶然得之为妙；平和通达却是文章的气象，要须磨砺功夫，乃成境界，其实是极难的。

这一评论，堪称公允。博学之士，识多往往气盛，恃才转以傲人。前如钱锺书，晚似李敖，都不免此讥。金先生自学出身，谅无"名门"负担；编辑为业，折冲协调是务。或许因此而能以"情"衡"识"，在故纸堆中析理出更多的趣味来。"随笔"这一"随"字，在其文字里，可说尽情发挥到了极致。他却称自己的文风,"古板而笨重,铅华弗御而终伤枯槁,已经到了僵化地步了"——没有这份由衷的谦逊,想来也积累不出那样平和通达的气象!

三国,毋宁是中国历史上最迷人的时代。英雄美人谋士名将辈出,引领一时风骚;阴谋策略阵仗杀戮,苦此生民数十年。滚滚长江,清浊本就难分,日后罗贯中《三国演义》的出现,更让原本已经紊乱的史实,平添几分浪漫而迷离的色彩。到底孰真孰假?孰是孰非?孰得孰失?孰功孰过?千载以下,竟抟成"三国学"一门大学问出来。金先生在此书中,所论人物,无甚稀奇,不外乎曹操、刘备、关羽、吕布等。然其撰述却实实在在焕发着"平和通达"的特色。

以貂蝉为例,金先生先是一步步比对《三国志》《三国志平话》《三国演义》诸史料,把貂蝉这一角色的来龙去脉,衍化合理经过,说得一清二楚。并点出了旧小说以传播忠义为宗旨,"王允对国家尽忠,貂蝉对王允尽义;王允是司徒,大人物,貂蝉是家伎,小人物。反过来,董卓对国家不忠,吕布对国家不义"这一紧要关节。再以毛宗岗、金圣叹的评论,拉出"关公月下斩貂蝉"这一说法,金先生也不就此论断"以貂蝉为女祸"的对错,而是呼应前文,平心静气地告诉我们,"关羽是英雄好汉,在这里代表忠义,因而成为貂蝉的克星"。同时不忘记补上一句"后人也有替貂蝉不平的，故亦作'关公月下赞貂蝉'"，如此文字，得勿谓其世事洞明，人情练达乎？

> 满地江湖旧石苔，东南到处费徘徊。
> 三更忽报冬前雨，万点芦花入梦来。
>
> 颓龄犹苦索枯鱼，笑我无聊百不如。
> 何事世间情最切，一分明月一分书。
>
> 灯花最苦不永挑，邂逅陈编事可聊。
> 秋水满河才一腹，空教雨露到中宵。

这是一九八六年金先生为其新书《饮河录·后记》所写的三首七绝，谦冲自适，悠然自得之情，洋溢字里行间。如今，岁月匆匆又过去了二十多年，但愿天公更与人寿，为此神州留达人，老先生还多留些文字，明月清风，让天地悠悠更加开阔宽广一些。

目 录

曹操心事

003 / 魏明帝生父之谜

007 / 曹操难管家务事

012 / 曹操的临终告白

019 / 曹操的一流文才

026 / 曹操为何杀杨修

031 / 曹操杀孔融

037 / 曹操与张绣的恩怨

三国风云

045 / 魏吴的"血滴子":校事

053 / 华歆出卖伏皇后?

057 / 董卓与吕布恩仇记

067 / 蔡邕的诗文与晚节

074	/	祢衡与《鹦鹉赋》
080	/	司马懿的伪装术
088	/	诸葛亮挥泪斩马谡
094	/	魏延无反骨
098	/	刘备孙策托孤语
102	/	关羽之谥
107	/	关羽的神化之路
113	/	羊陆之交
117	/	陆机与周处
121	/	陶渊明的"肉麻"赋
128	/	嵇康论管蔡
134	/	嵇康阮籍的至交

141 / 幸运的阮步兵

146 / 伯仁由我而死

151 / 王献之终身之憾

绝代美女

155 / 甄氏与曹操父子

160 / 貂蝉形象的蜕变

167 / 李夫人与李延年

172 / 卓文君的归宿

178 / 昭君出塞的真相

184 / 小乔夫婿是英雄

189 / 刘备与灵泽夫人

曹操心事

魏明帝生父之谜

曹丕与甄氏的儿子曹叡,生于何时?这个问题攸关曹丕的颜面,如果正史记载属实,则曹丕纳袁熙之妻甄氏时,甄氏便已经怀孕了。曹丕到底知不知道?

建安九年(公元204年),曹操平冀州,曹丕随军入邺城(今河北临漳),纳袁熙之妻甄氏。时甄氏二十三岁,长曹丕五岁,后生一子,即魏明帝曹叡,字元仲。

黄初元年(即建安二十五年,公元220年),曹丕篡汉即位,山阳公(即汉献帝)以他两个女儿为曹丕妃嫔,当时郭皇后(安平广宗人)、李贵人、阴贵人皆得曹丕宠幸,甄氏愈加冷落失意,颇有怨言,曹丕大怒,于黄初二年遣使赐死,即迫令自杀。曹丕在《典论·内诫》中,力斥袁家诸妇的妒悍,《典论》作于建安二十二年(公元217年),可见他这时对甄氏成见已很深。

与甄氏争宠的郭氏，其实也是一个可怜人。早年父母已亡，因丧乱而流离，沦落在铜鞮侯家里。曹操为魏公时，得入东宫。曹丕的两个皇后，都是曹操选中的。曹丕登位后，郭氏起先只是贵嫔，后欲立为皇后，中郎栈潜上疏谏阻，因为郭氏原是"贱人"，不能以妾为妻，曹丕却必欲立之，所以后来魏明帝的毛皇后，有"曹氏自好立贱，未有能以义举者也"的话，这是包括倡优出身的曹操卞皇后在内。

曹丕逝世，曹叡嗣位，尊郭氏为皇太后。《魏志·郭皇后传》云："青龙三年（公元235年）春，后崩于许昌，以终制营陵，三月庚寅，葬首阳陵西。"（按：首阳陵在河南偃师首阳山。）从这几句话看，郭太后是善终的，实际却隐寓着一段冤冤相报的残酷故事。

裴注引《魏略》云："明帝既嗣立，追痛甄后之薨，故太后以忧暴崩。甄后临没，以帝属李夫人。及太后崩，夫人乃说甄后见谮之祸，不获大敛，被（披）发覆面，帝哀恨流涕，命殡葬太后，皆如甄后故事。"但甄后被害时，明帝已十七岁，对母亲的惨死经过，应当很明白，何必等李夫人陈说？（或许是指一些内幕性的话。）

裴注又引《汉晋春秋》云："初，甄后之诛，由郭后之宠，及殡，命被发覆面，以糠塞口，遂立郭后，使养明帝。帝知之，心常怀念，数泣问甄后死状。郭后曰：'先帝自杀（自己杀死甄后），何以责问我？且汝为人子，可追仇死父，为前母枉杀后母邪？'明帝怒，遂逼杀之，敕殡者使如甄后故事。"郭后之被明帝逼杀固是事实，但明帝之报母仇，何以迟至七年之后？帝王之家的后妃实在难当，甄氏本来是一个俘虏，郭氏也等于奴隶，忽然都成为皇后，两个女人侍候一个丈夫，便又成为冤家对头，结果都死得这样凄惨。明帝自己的郭皇后（西平人），也是被明帝赐死的，死因都是由于后宫间的矛盾。

甄氏总算生下一个明帝，能为其屈死的亡母报仇，但这里却又留下一个很有兴趣的疑问，即明帝的父亲究竟是谁？后人为此而议论纷纷，因为甄氏原有前夫的，这疑问倒也不是空穴来风，而是有史为证。

先让我们看一看《魏志·明帝纪》：景初三年春正月，"帝崩于嘉福殿，时年三十六"。如果由景初三年上推三十六年，明帝的生年应是建安九年，但曹丕之纳甄氏，也在建安九年八月，甄氏怎么会生下明帝呢？如果确是曹丕所生，至早应是建安十年。裴松之就说过："魏武以建安九年八月定邺，文帝始纳甄后，明帝应以十年生，计至此年正月，整三十四年耳。时改正朔，以故年十二月为今年正月，可强名三十五年，不得三十六也。"近人冒鹤亭先生《疚斋日记》因而说："则明帝为袁氏血胤矣。"卢弼《三国志集解》也说："窃谓承祚（陈寿）此文，实为曲笔，读史者逆推年月，证以甄夫人之赐死，魏明之久不得立为嗣，则元仲（曹叡之字）究为谁氏之子，可不言而喻矣。"

卢氏的意思是说，陈寿原是知道应作时年三十五的，如今偏写上"时年三十六"，这就是故意给读者以暗示：明帝是袁家种子。

按照这一说法，则曹丕纳甄氏时，甄氏已经怀孕了，曹丕难道不知道？别人难道不知道？知道了，仍让袁家种子留下来吗？其次，据《魏志·甄后传》："建安中，袁绍为中子熙纳之。熙出为幽州，后留养姑。"这里又有疑问：袁熙出镇幽州后，是否回到过邺城？要回来也只有建安八年，就那么巧？从上引《甄后传》的语气体会，他出镇后似是未曾回来过。曹叡所以久不得立为嗣，确是因曹丕憎恨甄氏之故，但并非因为已经知道是袁家血统。这一点，只有曹丕自己最明白。

陆侃如《中古文学系年》，厘订诸家之说，定曹叡生年为建安十一年（公元206年），卒仍为景初三年（公元239年），年三十四。即是说，曹叡是曹丕生的。作三十六，是承祚误记，别无深意。

曹操难管家务事

曹操挟天子以令诸侯，集大权于一身，何等意气风发！转身面对家务事，却是束手无策。他性喜渔色，后宫多、儿女多，骨肉相残的悲剧比任何第一家庭都要惨烈。

曹操的为世传诵的"分香卖履"《遗令》，还是陆机于晋元康八年（公元298年）在洛阳秘阁中见到的，乃引之于《吊魏武帝文》的序中，后收入《文选》，但已非全文，却可作中古时期的掌故看。

陆序中说，曹操临终时，"持姬女而指季豹以示四子曰：'以累汝！'因泣下"。这时曹操的儿子尚有十一人，在他身边的究竟是哪四个儿子，已不可知。《遗令》中说："吾婕好伎人，皆著铜雀台。"又说"余香可分与诸夫人。诸舍中无所为，学作履组卖也"。

卢弼《三国志集解》云:"曩以天下自任,今以爱子托人,然而婉娈房闼之内,绸缪家人之务,则几乎密与。"又引叶树藩曰:"汉高祖手敕太子云:'吾得疾遂困,以如意母子相累,其余诸儿,皆自足立,哀此儿犹小也。'喁喁儿女之情,汉高亦复不免,何论阿瞒。"也便是陆机吊词中说的"嗟大恋之所存,故虽哲而不忘"了。

据《三国志》,曹操共有二十五个儿子,还不包括女儿。他的妻妾,《三国志》立传的只有一个卞皇后,生曹丕、曹植、曹彰、曹熊四子。卞传云:"本倡家,年二十,太祖于谯纳后为妾。"原是以妾为妻。传文的"倡",后人解释不一,有的以为非倡(娼)妓之倡,而是类似俳优的乐人,相当于现代的曲艺演员。周寿昌说:"曹操之父嵩,既莫能审其生出本末,操后卞氏,又本倡家。丕之甄后,明帝之母也,又本袁熙之妇,其家世内外本末,概可想见。承祚详叙之,绝不为讳,不可谓非直笔也。"卢弼云:"李延年善为新声,桓君山精通音律,雅掺新弄。当日习尚如此,所谓倡乐,不似后世之淫业贱流。颜注训为乐人,于义得之。"卢说似可取。按照曹操年轻时的身世,自也不可能娶得名门闺秀。

史称卞氏性俭约,有德行。有一次,曹操得了几件名珰(耳珠),教卞氏自己选几件,她选了中档的,并对曹操说:"取其上者为贪,取其下者为伪,故取其中耳。"这当然也说得对,但又见卞氏为人很有权谋,从其他言行上也可看到。

曹操的儿女既然这样多,后宫自也众多,有的得之不自正途,具有劫夺性,如秦宜禄之妻等。这些人之进入曹府,无非因为长得漂亮。古代后宫的来源,有些即从籍没与劫夺中获得,如汉文帝之母薄氏,本来是魏王豹之妾,魏豹失败,薄姬被掳而受宠于刘邦,生下文帝,所以文帝倒是老实地自认"朕高皇帝侧室之子"。

儿子多了,骨肉相残的悲剧必然更加剧烈。曹丕篡位后,曹植的亲信丁仪、丁廙兄弟和他们的子嗣全被杀死,曹植惊恐之余,上朝京都时的请罪奏疏,把自己写得像十恶不赦的罪犯,对哥哥曹丕甚至有"恩隆父母"的话。他的《洛神赋》,说是"感甄"固为谬妄,但必是有为而作的一种发泄。

任城王曹彰,卞氏所生的第二子,也是曹丕的同母弟,为人勇猛绝伦,能手格猛兽,《三国志》本传说:"(黄初)四年朝京都,疾薨于邸。"这样一个壮汉,到了京城,怎么就忽然死了?

裴注引《魏氏春秋》曰:"初,彰问玺绶,将有异志,故来朝不即得见。彰忿怒,暴薨。"凡正史说的"暴薨",大多非寿终,"异志"云云,恐亦硬加上去。《世说新语》第三十三云:"魏文帝忌弟任城王骁壮,因在卞太后阁共围棋,并啖枣。文帝以毒置诸枣蒂中,自选可食者而进,王弗悟,遂杂进之。既中毒,太后索水救之。帝预敕左右毁瓶罐,太后徒跣趋井[井水原不可解毒,但古有此传说],无以汲。须臾,遂卒。复欲害东阿(曹植),太后曰:'汝已杀我任城,不得复杀我东阿。'"

我们读了曹丕《又与吴质书》的"昔年疾疫,亲故多离(罹)其灾,徐陈应刘,一时俱逝,痛可言邪"及"既痛逝者,行自念也"等语,总以为曹丕是个温情文雅、眷念旧谊的厚道人,哪里想到他竟是这样的蛇蝎心肠。他本来还想害死曹植,因卞太后的严词制止才罢休。

不仅如此,《世说新语》第十九还记载这样一个故事:"魏武帝崩,文帝悉取武帝宫人自侍。及帝病困,卞后出看疾。太后入户,见直(值)侍并是昔日(武帝)所爱幸者。太后问:'何时来邪?'云:'正伏魄时过。'因不复前而叹曰:'狗鼠不食汝余,死故应尔!'至山陵,亦竟不临。"

文中的"武帝宫人",当为铜雀诸妓。文帝"病困",当是纵欲之故。"伏魄"不详,疑指月夜。"狗鼠不食汝余",意谓比禽兽不如。"死故应尔",说明曹丕此时病已重。曹丕比卞太后先卒,所以他下葬时,太后没有去,亦见她对曹丕痛恨之深。

也是在《世说》第三十五的《惑溺》里，还记着这样一个故事："魏甄后惠而有色，先为袁熙妻，甚获宠。曹公之屠邺也，令疾（赶快）召甄，左右白：'五官中郎（指曹丕）已将去。'公曰：'今年破贼正为奴。'"奴指甄氏，那么，曹操原来对甄氏也曾为之"惑溺"，真的成为捣浆糊了。

《世说》近于稗史，又成于异代人之手，所以忌讳也少了。

曹操的临终告白

> 曹操的遗嘱,是古今帝王将相当中最人性、最坦率的一篇表白,包括对自己行事风格的省思、丧事的细节安排、后宫婢妾何去何从、子弟如何谋生,等等,尽在其中。由此可见曹操性格里仁厚、体贴、细腻的一面。

鲁迅在《魏晋风度及文章与药及酒之关系》中说:"当时的遗令本有一定的格式,且多言身后当葬于何处,或葬于某某名人的墓旁,操独不然,他的遗令不但没有依着格式,内容竟讲到遗下的衣服和伎女怎样处置等问题。"

曹操卒于建安二十五年(公元220年),年六十六。这篇遗令,不能说是文学作品,但有文人的才情,又值人之将死,上自军国大计,下至后宫生计,款款写来,如见其人,也是他生死之际的最后内心独白。他自己不写,别人是绝对不会考虑到的。历代遗令中，写得这样坦率别致而富于生活感的，曹公之外，即无他人。

吾夜半觉小不佳，至明日，饮粥汗出，服当归汤。吾在军中持法是也。至于小忿怒，大过失，不当效也。天下尚未安定，未得遵古也。吾有头病，自先著帻。吾死之后，持大服如存时勿遗。百官当临殿中者十五举音，葬毕便除服。其将兵屯戍者，皆不得离屯部，有司各率乃职。敛以时服，葬于邺之西冈，上与西门豹祠相近，无藏金玉珍宝。吾婢妾与伎人皆勤苦，使著铜雀台，善待之。于台堂上安六尺床，施繐帐，朝晡上脯糒之属。月旦、十五日，自朝至午，辄向帐中作伎乐，汝等时时登铜雀台，望吾西陵墓田。余香可分与诸夫人，不命祭。诸舍中无所为，可学作组履卖也。吾历官所得绶，皆著藏中。吾余衣裘，可别为一藏，不能者，兄弟可共分之。

神智如此清明，当是逝世之前早就写的，病时服的是"当归"汤，却也不忌讳。

在此之前，曹操已下令说："古之葬者，必居瘠薄之地。其规西门豹祠西原上为寿陵，因高为基，不封不树。"西门豹任邺令时,有贤名,民不敢欺。他将其墓选择在西门豹祠附近,大概是这个原因。

当时的伎人,指有技艺的乐户歌女之类,原是良家儿女,与后世的娼妓不同,曹操的正室卞夫人就是倡家出身。又如婢妾,陆机文作婕妤,当是魏国建立后,其内官亦与汉廷相类。下文又说"诸夫人",曹公内宠之多,于此可见。临终犹殷殷以闺阃为念,生怕她们闲着没事,于是有的守铜雀台,有的织鞋子。刘商《铜雀伎》所谓:"仍令身殁后,尚足平生欲。"

曹公好色而不喜香,内诫令云:"昔天下初定,吾使禁家内不得薰香。后诸女魏(当作'配')国家,因此得烧香。吾不烧香,恨不遂初禁,令复禁不得烧香。其所藏衣,香著身亦不得。"但铜雀诸姬,岂能无香?故有不遂初禁之恨,这一回只得分赠了。说来也真怪,他连香料之微也成为遗令的内容。

《魏志·武帝纪》末所载遗令,只有"天下尚未安定"等十句话,卢弼《三国志集解》引赵一清曰:"孙能传《剡溪漫笔》云:'司马温公语刘元城:昨看《三国志》,识破一事。曹操身后事,孰有大于禅代?遗令谆谆百言,下至分香卖履、家人婢妾,无不处置详尽,而无一语及禅代事,是实以天子遗子孙,而身享汉臣之名。操心直为温公剖出。'今《魏志》所载遗令,寥寥数语,其分香卖履,处置家人婢

曹操大宴铜雀台

妄皆无之，裴松之注亦不载，岂所见有别本邪？"卢弼按语云："魏武遗令，陈志仅摘录关系军国数语，观陆机序，见魏武遗令，慨然叹息伤怀者久之，则当时自有全文，后乃散见各书，非温公所见有别本也。"

陈寿比陆机大三十余岁，是否看到过遗令全文，不详。也可能以为分香卖履之事太猥琐，只录军国大事。陆机却是看到过全文的，时在晋惠帝元康八年（公元298年），他任著作郎时游秘阁见到，距曹操之卒已七十余年，但他在《吊魏武帝文》中所引的也是摘录的，约只十七八句。今天我们能看到的遗令全文，只有严可均的《全上古三代秦汉三国六朝文》所录，他是从《北堂书钞》、陆机文、《太平御览》等上面汇集的，是否为遗令全文，已不可知。

值得一提的是陆氏兄弟的眼福：陆机既在洛阳看到曹操的遗令，陆云又在铜雀台看到曹操父子的遗物，时间约在永康元年（公元300年）任中书侍郎巡视时，云与机书云："一日案行并视曹公器物，床荐席具，有寒夏被七枚，介帻如吴帻，平天冠、远游冠俱在。严器方七八寸，高四寸余，中无鬲（隔），如吴小人严具状。刷腻处尚可识，梳枇剔齿纤绽皆在，拭目黄絮二在，有垢黑，目泪所沾污。……扇如吴扇，要（腰）扇亦在。书箱，想兄识彦高书箱，其似之。笔亦如吴笔，砚亦尔。书刀五枚，琉璃笔一枚，所希闻。景初三年（公元239年）七月七日，刘婕妤折之，见此期，复使人怅然有感处。器物皆素。"

这封信是兄弟之间随意而写，所以文字拙朴，如同口语。二陆本是吴人，吴亡入洛，所以信中多处以吴中之物来比拟。严器即妆具，信中说"如吴小人严具状"，不知当时的妆具，小人（儿童）另有一套，还是指儿童玩具？剔齿纤綖，当即今之牙签。这些东西上的污垢泪痕，却还残留着，陆云居然观察得这样仔细，仿佛当做文物来鉴赏。［参见周一良《魏晋南北朝史札记》。］

《太平御览》引王羲之《笔经》，说象牙笔、琉璃笔只是为了美观，却不实用，因为作书之笔需要轻便。陆云信中又提到景初三年，这是魏明帝年号，那么，这些遗物中还混杂着文帝曹丕的东西，此刘婕好当也是文帝姬妾，她于七月七日之折琉璃笔，当是因感伤而故意折断，所以陆信有"见此期"云云。

曹操生前，原是要铜雀诸姬为他守台望陵，结果如何，且让我引一则《世说新语·贤媛》篇："魏武帝崩，文帝悉取武帝宫人自侍。及帝病困，卞后出看疾。太后入户，见直侍并是昔日所爱幸者。太后问：'何时来邪？'云：'正伏魄时（当指月夜）过。'因不复前而叹曰：'狗鼠不食汝余，死故应尔。'至山陵，亦竟不临。"这一故事，《世说》所以列于《贤媛》篇，也便是对卞太后的表彰。而文帝之病，自因纵欲之故，故为卞太后骂成禽兽不如。文帝比卞氏早卒，所以下葬时卞氏愤而未去。

到明帝时，曹爽"又私取先帝才人七八人，及将吏、师工、鼓吹、良家子女三十三人，皆以为伎乐。诈作诏书，发才人五十七人送邺台，使先婕妤教习为伎"（《魏志·曹爽传》）。曹爽是曹氏族人，比曹丕小一辈，所谓"先帝才人"，则是指曹丕姬妾。

二帝仙去，风云已变，然而铜雀春深，曹家依然有人上台作乐。由魏入晋，众芳摇落，陆云所见到的只有这些遗物，凭吊之余，函告其兄，家书之中别有乡心，这一点也是大可玩味的。

曹操的一流文才

一流的人才,做任何事都不差。曹操从兵法到文学,从音乐到围棋,都有很深的造诣,中国历史上唯有康熙皇帝,其才艺堪与曹操相提并论。而从曹操的诗文,却可看出他洋溢着一种强烈的权欲感。

如果把曹操看做一个皇帝,又从文学的成就上来看,那么,在历代帝王中,没有一个比得上他。

除了作诗,曹操还懂方药、爱音乐、爱才、会写草书、下围棋,真说得上多才多艺、能文能武,难怪他要以周公自居了。曹丕、曹植的文才,自与曹操的熏陶有关,但曹操的父亲,却没有什么学问。曹操本人,年轻时游荡放纵,中年后南征北战,一直过着紧张的生活,而文学上却有此成就,可见他确有天才。他的《东临碣石》,可以说是山水诗的滥觞,王夫之所谓"未有海语,自有海情"(《船山古诗评选》)。他的名文如《祀故太尉桥玄文》,也是以诗人之笔来写的。

他的诗,流传下来的都是乐府歌词,其中有的是模拟之作,有的却于悲凉中见性情,就当时文人写的乐府诗来说,却是写得最多的。这里先举《短歌行》为例。

> 对酒当歌,人生几何?譬如朝露,去日苦多。慨当以慷,忧思难忘。何以解忧,唯有杜康。青青子衿,悠悠我心。但为君故,沉吟至今。呦呦鹿鸣,食野之苹。我有嘉宾,鼓瑟吹笙。明明如月,何时可掇?忧从中来,不可断绝。越陌度阡,枉用相存。契阔谈䜩,心念旧恩。月明星稀,乌鹊南飞。绕树三匝,何枝可依。山不厌高,海不厌深。[《管子》卷二十《形势解》:"海不辞水,故能成其大;山不辞土石,故能成其高。"]周公吐哺,天下归心。

四言诗本不易作,到了东汉,可以欣赏的作品已经不多。曹操这一首,还是有其自己的面目,如吴乔《围炉诗语》所说:"作四言诗多受束于三百篇句法,不受束者唯曹孟德耳。"短歌之短,指歌声的长短,曹丕《短歌行》所谓"短歌微吟不能长"。

这首诗具体的写作年代不详，当为急于建功立业、广求贤才（如不杀陈琳）、设筵待客时所作。写时一面喝酒，一面唱歌，一面构思。所以前人也说他前后不连贯。

人生几何之感，原是人之常情，下面接以去日苦多，警意便深了一层。正因去日苦多、来日苦少，更要紧握现在，以下一段文字皆从此出。吴兢《乐府古题要解》说此诗的"置酒高堂，悲歌临觞，皆言当及时行乐"，张玉谷《古诗赏析》批评他"何其掉以轻心"，是对的。这开头四句，实是虚冒，曹操的"神龟虽寿，犹有竟时。腾蛇乘时，终为土灰"（《步出夏门行》四解），下即乘以"老骥伏枥，志在千里。烈士暮年，壮心不已"，正是同一命意。一反一复，诗境才显得转折而深厚。

我们看看《短歌行》的第二首，他就念念不忘于西伯、齐桓、晋文，即不难明白。胡应麟《诗薮·内编》卷一就说："则终篇皆挟天子令诸侯，三分天下之意。"

"青青"两句，借用《诗经·郑风·子衿》原文，以此表示自己对才士的思慕，心欲得而沉吟，申足"慨当"两句。"呦呦"四句，也是借用《小雅·鹿鸣》原文，意为鹿得苹，便呦呦然相鸣呼，诚恳发乎内心，有如欢宴嘉宾，鼓瑟吹笙，也是出于诚心，仍是借此表白爱才之意。引《子衿》是

宴长江曹操赋诗

说求之不得，因而沉吟，引《鹿鸣》是说求之既得，奏乐助兴。"月明"四句，却又宕开，仍用反复手法。乌鹊比喻贤士，"绕树"句感慨他们仍是漂泊之意。最后四句，则是希望他们归附自己。一番心事，和盘托出。自比周公，实已把汉献帝看做孺子。严羽《沧浪诗话·诗评》还举刘桢《赠五官中郎将》、王粲《从军诗》，一称曹操为"元后"，一称曹操为"圣君"，当时汉帝尚存，"而二子之言如此"，正与荀彧比曹操为汉高祖、光武帝一样。

从曹操一些诗文，可以看到一个显著特点，便是强烈的权欲感，他的《让县自明本志令》的"设使国家无有孤，不知几人称帝，几人称王"，以及"江湖未静，不可让位"这些话，同样是权欲感的体现。许攸说他"子治世之能臣，乱世之奸雄"［《世说新语·识鉴》记乔（桥）玄对曹操也说过"然君实是乱世之英雄，治世之奸贼"的话］，对后一句平实一点的理解，也即在天下大乱的时代，他是最能发挥权欲的一个强力人物，古人之所谓霸才，大抵如此。陈恭尹的《邺中》诗有两句说得很有意思："乱世奸雄空复尔，一家词赋最怜君。"

曹操的五言诗可以《苦寒行》为代表：

> 北上太行山，艰哉何巍巍。羊肠坂诘屈，车轮为之摧。树木何萧瑟，北风声正悲。熊罴对我蹲，虎豹夹路啼。谿谷少人民，雪落何霏霏。延颈长叹息，远行多所怀。我心何怫郁，思欲一东归。水深桥梁绝，中路正徘徊。迷惑失故路，薄暮无宿栖。行行日已远，人马同时

饥。担囊行取薪，斧冰持作糜。悲彼《东山》诗，悠悠令我哀。

题为"苦寒"，又值风雪，却不从风雪写起，而先写太行的艰险，严冬而登此进退两难，无寒可避之地，其寒之苦，便给读者以想象余地，而时世的艰危也于此可见。第五句由风吹树木声而紧接北风。熊罴虎豹云云，当是指山上的危石断崖。霏霏是雨雪纷飞貌，可见作者上山时已在下雪，却放在后面说。

这时天更晚了，风雪正扑面而来，从这里转入诗人自己的思归心情。这样严寒的天气，应当是缩颈的，诗人却在"延颈"，仅此二字添得多少寒意。"思欲"句当指东归故乡，实际上不可能，因而只有仍然北上，自己拾柴砍冰。在这种场合，大将与小卒的距离缩短了，大家都被饥肠绕得苦，只有死生做主，没有尊卑之分，大家的身份等级都不存在了。这与通常所谓与士卒共甘苦大不一样。话虽如此，曹操自己还是想到周公。

此诗作于建安十五年（公元210年），年五十六。方东树《昭昧詹言》卷二云："大约武帝诗沉郁直朴，气真而逐层顿断，不一顺平放，时时提笔换气势，寻其意绪，无不明白，玩其笔势之法，凝重屈蟠，诵之令人满意。后唯杜公有之,可谓千古诗人第一之祖。"又云:"乐府以此为文帝作,余以结句断之,知为武帝所作,子桓溺豢乐之犬豕耳,无此志意矣。"亦言之成理。

王世贞《艺苑卮言》卷二,在论及《垓下歌》与《大风歌》后说:"千载而下,唯曹公'山不厌高,老骥伏枥',司马仲达'天地开辟,日月重光'语,差可嗣响。"胡应麟《诗薮》中也将两诗并提。

司马懿的原诗是:

> 天地开辟,日月重光。遭逢际会,奉辞遐方。将扫芜秽,还过故乡。肃清万里,总齐八方。告成归老,待罪舞阳。

司马懿的原籍为今河南温县,舞阳是他在曹魏时的封邑。曹操和司马懿都是死后追尊为帝,故因曹操而附录之。

曹操为何杀杨修

对于人才,历代帝王将相抱持三种态度:一是出于求才若渴的真诚,待之善始善终;二是不爱才也不忌才,本身就是庸才俗物;三是既爱人才,又忌人才,曹操便是。杨修遭忌,一是才气太露,一是他触犯了若干不该碰触的政治禁忌。

杨修被杀的原因,自非一端,大致有这样几点:(一)太聪明;(二)帮助曹植争储位;(三)袁绍之甥;(四)名门与阉门的对立。这是何满子在《中古文人风采》的《曹操与杨修》一文中揭示的,也是全文的重心。

《世说新语·捷悟》所收的四则杨修故事,全是属于才性上的聪明敏慧,但有的太浅陋,有的不经,如过曹娥碑事,早已有人指出,曹娥江三国时属于孙吴,曹操怎么会过江?余嘉锡《世说新语笺疏》："蔡邕题字，实有其事，见《后汉书注》引《会稽典录》。至于杨修、祢衡之事，则皆妄也。"民间有"曹操过后之计"的传说，京剧《群英会》又有曹操中计杀蔡瑁、张允事后省悟的情节，或受曹娥碑事的影响。《三国志·魏志·陈思王传》引《世语》记曹丕与吴质合谋陷害杨修事，卢弼《三国志集解》引何焯曰："《世语》所言皆鄙浅儿戏，不足信。"杨修敏感性、预见性强，智力高于常人是事实，但如照有些小故事所记的，反而成为轻才小慧了（如《世说》的"门中活"之类）。

当时的曹门，实与宫廷相类，曹操起先曾属意于曹植继统，于是兄弟之间成为政敌，各有党羽，杨修与丁仪、丁廙是植党，修答植书，有"伏唯君侯，少长贵盛，体旦、发之质，有圣善之教"语。旦指周公，发指武王，又置曹丕于何地？杨修被杀后百余日而曹操亦卒，接着便由曹丕篡汉。所以杨修如不死于曹操生前，亦必死于曹丕之手，就像丁氏兄弟一样。

袁绍四世三公，颇得民心，与曹操为死敌。绍兵败忧死，河北士女，挥泪痛哭，杨修为袁绍之甥，也易为曹操所忌。

弘农杨氏，高门望族，从杨修的高祖太尉杨震开始，一直与宦官相斗争，杨震后来便受宦官迫害而饮鸩自杀。曹操是陈琳檄文中说的"赘阉遗丑",当然被高门中人所鄙薄,曹操必有自知之明,对杨氏子孙也必存戒心。杨修的父亲杨彪,即被曹操(时任兖州刺史)所诬而下狱,劾以大逆的罪名(实际是杨袁联姻为操所恨),后赖孔融力救才得出狱。这也是历史遗留下来的两个集团之间的后果,但代表新兴势力的曹操一方,显然已经压倒高门杨氏了。

杨修被杀后,曹操曾有书致杨彪:"而足下贤子,恃豪父之势,每不与吾同怀,即欲直绳,顾颇恨恨,谓其能改,遂转宽舒;复即(若再)宥贷,将延足下尊门大累,便令刑之。念卿父息之情,同此悼楚,亦未必非幸也。"开头两句,实际是对杨彪的谴责与惩罚,也即仍在怀恨,而所以将杨修杀死,还是为了保全杨氏,否则,就要连累"足下尊门"。所以,明杀杨修,暗则向其父示威。

杨彪答书,前半段自然只好承认儿子之错,下云:"足下恩怨,延罪迄今。近闻问之日,心肠酷裂,凡人情谁能不尔?深惟其失,用以自释。"话没有什么特别深刻,情却是天下之至痛:父子诀绝,还得于无罪中认罪。

后来曹操见杨彪问道:"公何瘦之甚?""对曰:'愧无日䃅先见之明,犹怀老牛舐犊之爱。'操为之改容。"(《后汉书》)前一句指金日䃅恶其子淫乱而杀之事,这一句是空话,下一句是实话。杨彪之瘦,曹操岂有不知之理。正史中著此数语,遂觉人情世故,重现眼前。

王鸣盛《十七史商榷》卷三十七云:"杨彪子修为曹操所杀,而(《后汉书》)赞云:'修虽才子,渝我淳则。'愚谓震、秉、赐、彪,四世名德。彪为操所忌,几死得免。修当远

曹操忌杀杨修

去权势,韬晦以避之,反为操谋主,总知内外,且与丕、植亲昵,又数炫其才于操,死非不幸,赞语最为平允。"扬才露己,恐亦德祖(杨修)召祸之一端。

这里还想说一点,曹操晚年,实力雄厚,取汉之意益切,但他估计自己生前恐难以完成这一宏愿,只能由他下一代的儿子去完成,而这时已决定由曹丕来继承遗志,曹植已被他厌恶,因此,谁如果支持曹植,等于在干扰他已定的篡汉之谋。

对于人才,历代的帝王将相有三种态度:一是出于求贤如渴的真诚,故能善始善终。二是既不爱人才,又不忌人才,本身就是庸才俗物。三是既爱人才,又忌人才,曹公即是。

杨修是人才,曹操深知之,举孝廉后,即任郎中,从曹操征袁绍。但这是在建安初期"军国多事"之际,这时杨修只有二十几岁。曹操晚年,急欲以魏代汉,对那些名门之后、才能高明的人士,生怕他们阻挠抵制,便心存疑忌,杨修的先世又深受刘汉的隆恩盛遇,自更加重对他的疑忌。所以,同一人主,而对人才的任用和毁废,还要由历史的过程来做主,有些人才就成为悲剧的主角了。

曹操杀孔融

孔融一代名士，众望所归，他瞧不起曹操，注定了不容于当道的命运；他与崔琰、许攸等名士对曹操的"傲慢与偏见"，最后都惹来杀身之祸。

《三国志·魏志》卷十二，首为崔琰传，崔传之后，附有孔融、许攸、娄圭三传。这四人都被曹操所杀，所以合在一组。被曹操所杀的人远不止这四人，从现象上看，似都因言语取祸。

崔琰，字季珪。初曾为袁绍所辟，曹操破袁氏，辟为别驾从事。临淄侯曹植因有文才而为操所爱，欲立为太子，心里却疑惑不定，以函令密访于外，琰乃露板（不封缄）以答，坚主应由曹丕承统，"琰以死守之"。曹植是崔琰哥哥的女婿，曹操因而服其"公亮"。卢弼《三国志集解》引何焯曰："密函

孔融

下访,乃露板以答,非所以处骨肉之间。季珪之祸,实萌于此。"这时魏国初建,曹公以魏取汉之意甚切,曹门实同宫闱,骨肉之间的隐私而又涉及宫闱的,凡是预闻的大臣,日后非大吉即大凶。

崔琰曾经荐举过杨训，曹操为魏王后，杨训草表盛赞其功德，时人或笑训希世浮伪，批评琰所举非人。崔琰将表拿来审阅，写信给杨训说："省表，事佳耳。时乎时乎，会当有变时。"这话不知什么意思。《集解》引姚范曰："阅之情事不畅。大意言，时有适然，不能拘于一辙而不变也。"这话同样说得"不畅"。《崔琰传》接下去说："琰本意讥论者好谴呵而不寻情理也（意谓杨训草表歌功也是合乎情理的）。有白琰此书傲世怨谤者，太祖怒曰：谚言'生女耳'，'耳'非佳语（尧按：一作'生女耳耳，非佳语'。非）。'会当有变时'，意指不逊。于是罚琰为徒隶，使人视之，辞色不挠。太祖令曰：'琰虽见刑，而通宾客，门若市人，对宾客虬须直视，若有所瞋。'遂赐琰死。"

裴注引《魏略》云，与崔琰有隙的人，看见琰"虬须（卷须）直视，心似不平。时太祖亦以为然，遂欲杀之。乃使清公大吏往经营（犹今语之'收拾'）琰，敕吏曰：'三日期消息。'琰不悟（太祖要他的命），后数日，吏故白琰平安。公（指太祖）忿然曰：'崔琰必欲使孤行刀锯乎！'吏以是教告琰，琰谢吏曰：'我殊不宜（不配行刀锯。是愤激语），不知公意至此也。'遂自杀。"

崔琰致杨训的信，怎么会使曹操联想到"生女耳"的谚语?"耳"又怎么会是非佳语?今皆不可解。卢弼云:"魏武有篡夺之心,而又欲避篡夺之名。琰与训书,不啻窥见其隐衷,发泄其诡谋,故深恶之,而置诸死地也。"也只有这样理解了。

其次是许攸。攸字子远,也是初随袁绍,后投曹操。因自恃功劳,常与曹操相戏,甚至呼曹操小字:"某甲,卿不得我,不得冀州也。"曹操一名吉利,小字阿瞒,许攸呼"某甲",当是这些名字。操闻而笑曰:"汝言是也。"心里却怀恨。后从行出邺城东门,顾谓左右曰:"此家非得我,则不得出入此门也。人有白者,遂见收之。""此家"即"此人"之意,许攸也确实太不检点了。

其次是娄圭。圭字子伯,少年时与曹操相熟,后为曹操大将。操从诸子出游时,圭顾谓左右曰:"此家父子,如今日为乐也。"有人告曹操,操以为有腹诽意,杀!

这是据裴注引《魏略》。又据《吴志》:娄圭曾与习授同车出外,见曹操出,习授曰:"父子如此,何其快耶!"娄圭答曰:"居世间,当自为之,而但观他人乎!"习授向曹操告发,娄圭又被杀了。

这样说,娄圭这条命是习授断送的了,可是习授本人的"父子如此,何其快耶"这种话,难道是应该说的吗?习授的生平不详,《三国志》中仅此一见,生平所做大事,大概就是这一件了。

《集解》云:"或曰,魏武之必除孔北海,势固宜尔,若崔季珪本为操之心膂,徒以口语猜忌杀之,残恶极矣。"语固甚是,亦孔融千载之下的知己。

孔融长曹操二岁,他拜北海相时,曹操被董卓部败于荥阳。以孔、曹的身世并观,孔融绝对不会看得起曹操的。他的结局,正是在劫难逃。我们试看《后汉书·孔融传》记载的孔融言行,曹操怎么会放过他?单是"武王伐纣,以妲己赐周公"这两句话,就是万死有余。

京兆人脂习,与融相善,因融刚直,常相规劝,及融被害,无人敢收尸,脂习往抚融尸曰:"文举(孔融,字文举)舍我死,吾何用生为?"曹操闻而大怒,将收习杀之,后得赦出。

崔、许、娄皆不以文学见称,孔融则一代名士,文采斐然,我最喜欢他的《论盛孝章书》第一段:"岁月不居,时节如流。五十之年,忽焉已至。公为始满,融又过二。海内知识,零落殆尽。唯有会稽盛孝章尚存。其人困于孙氏(指东吴),妻孥湮没,单孑独立,孤危愁苦。若使忧能伤人,此子不得永年矣。……公诚能驰一介之使,加咫尺之书,则孝章可致，友道可弘矣。"信是写给曹操的，由二人年龄、旧朋凋零领起，以此动曹操之情，故此书亦可作抒情小品读。但征书未至，孝章已为孙权所杀，过了四年，孔融自己亦殒命于刑场了。

孔融诗，传世的除《临终诗》外，有六言诗三首，第二首有"瞻望关东可哀，梦想曹公归来"，第三首有"从洛到许巍巍，曹公忧国无私"语，《四库全书总目提要》云："其六言诗之名见于本传，今所传三章词多凡近，又皆盛称曹操功德，断以融之生平，可信其义不出此。即使旧本有之，亦必黄初间购求遗文，赝托融作以颂曹操，未可定为真本也。"就六言诗文字观之，非但"凡近"，且很鄙陋。

《三国志·崔琰传》云："太祖性忌，有所不堪者，鲁国孔融、南阳许攸、娄圭，皆以恃旧不虔见诛，而琰最为世所痛惜，至今冤之。"《集解》引刘咸炘曰："恃旧云云，亦是曲笔。琰、融皆以众望所归被忌，攸、圭则以智计被忌，皆非以恃旧。"汉末纷扰，挺走群雄，恰遇曹公，性忌而忍，杜甫《白马》所谓"丧乱死多门"者，不其然乎？

曹操与张绣的恩怨

曹操南征,张绣率众投降,张绣叔父张济的遗孀邹氏,被曹操所掠。张绣斥责邹氏败坏门风,也因此与曹操反目。两人的恩怨反反复复,剪不断,理还乱。

黄裳先生的《旧戏新谈》,颇得好评。其中有一篇谈"战宛城"的,曾举旧时北平有过一出堂会戏为例,角色有余叔岩的张绣、筱翠花的邹氏、杨小楼的典韦、侯喜瑞的曹操等,自极一时之盛。

这一剧目,好多剧种都曾演出,想必因邹氏的云鬟雾鬓的魅力之故,还有就是曹操趟马的功架。1950年时,我在北京也看过此剧,曹操与邹氏,仍由侯喜瑞与筱翠花饰演,张绣则为孙毓堃饰,典韦何人饰演已忘记了。但我本人对男人扮女人缺少兴趣,尤其像邹氏这样春情欲溢的艳孀,由男伶来演更不合适。

"战宛城"的来源是《三国演义》，演义也有所本。《三国志·张绣传》：张绣武威祖厉（今甘肃靖远西南）人，曾随其族叔张济立军功，封宣威侯。张济原是董卓系的关西军阀，因作战而中流矢死，绣领其部众，屯宛城（今湖北荆门南）。曹操南征（当时约四十二岁），绣等举众降。"太祖纳济妻，绣恨之。太祖闻其不悦，密有杀绣之计，计漏，绣掩袭太祖。太祖军败，二子没。"

张济的遗孀姓什么，史无明文，演义便凑上邹姓，如同孙权妹凑上尚香之名。史传上只有五个字，舞台上却引来无限波澜，当初编剧的人倒是很有才情的，现在却成为无名氏了。

又据《典韦传》：张绣迎降后，曹操邀绣及其将帅，置酒高会。"太祖行酒，韦持大斧立后，刃径尺，太祖所至之前，韦辄举斧目之。竟酒，绣及其将帅莫敢仰视。"后绣反，曹操逃遁，典韦力战，身中数十创，瞋目大骂而死，操闻而流涕，哭临其丧，所以这出戏中的典韦都由名演员饰演，不是普通的武净能够充当。

曹丕即王位，以典韦子典满为都尉，赐爵关内侯。卢弼《三国志集解》引潘眉曰：当时曹营大将如张辽、许褚、乐进等皆生封侯，死予谥，"典韦雄武壮烈，不在辽、褚下，乃

张绣击退曹兵

生不封侯,没无追谥,非史传遗漏,则魏朝酬庸之典为未副焉"。然史传当不至遗漏的。

此戏又名《割发代首》和《张绣刺婶》,前者见于《武帝纪》末所引《傅子》:"常出军,行经麦中,令'士卒无败麦,犯者死'。骑士皆下马,付麦以相持(《太平御览》八三六作'持麦以相付'),于是太祖马腾入麦中,劝主簿议罪,主簿对以《春秋》之义,罚不加于尊。太祖曰:'制法而自犯之,何以帅下?然孤力军帅,不可自杀,请自刑。'因援剑割发以置地。"《明史·李自成传》,记自成称王后,"定军制,有一马傤(杂乱不整齐)行列者斩之,马腾入田苗者斩之"。不知是否取法于曹公?

张绣之降与反,前后仅十余日。太祖之军纪既如此严明,为什么进了宛城就会掠美?他也明知这会触张绣之忌。因为援剑割发（戏剧中表演的是真的想自刎），不过像演戏那样表演一下，美色当前，就不易自制了。舞台上演刺婶时，张绣斥责邹氏败坏了张家门风（现实中想必也如此），可是他自己率众归降曹营，这笔账又如何算法？"十四万人齐解甲，更无一个是男儿。"如果不是张绣降曹，曹操又如何上街窥艳？

邹氏的中年贵妇人的性苦闷，冒犯了降将张绣的族权威风，京剧中的曹操就要张绣称他为叔父。曹丞相自以为军纪严明，以征服者的声势浩荡入城，但在邹氏的媚情下，却被征服了。结果，战胜者反而成为落荒者了。

据正史，曹操拒袁绍于官渡时，张绣听从贾诩之计又降曹了，"绣至，太祖执其手（《贾诩传》作'执诩手'），与欢宴，为子均（周姬所生），取（娶）绣女"，也就是结为儿女亲家了。卢弼曰："操纳济妻，又纳何进子妇尹氏（即何晏之母），又纳秦宜禄之妻，又为子丕纳袁熙妻甄氏。既纳张绣之族母矣，又为子均娶绣女。闺门紊乱，宜其国祚之促也。"下又述刘备纳刘瑁妻，孙权纳陆尚妻事。周锡恩曰："儒者重言女节，其义甚严，其说起于南宋，后汉人或未之重也。"周说良是。国祚之促与闺门之乱，未必有因果关系。

《魏略》云："五官将（指曹丕）数因请会，发怒曰：'君杀吾兄，何忍持面（老着面皮）视人邪！'绣心不自安，乃自杀。"曹丕说的"吾兄"指曹昂，刘夫人所生而养于丁夫人。曹操为张绣所袭时，曹昂进马于操，操得逃走而昂被杀。另一子为侄安民。

张绣也是军阀，军阀本来反复无常，曹、张相亲，则为政治婚姻，在三国时代就不止一二起，历史有时候倒真像舞台呢。

三国风云

魏吴的"血滴子":校事

曹操设置"校事",到处刺探隐秘。这些校事情报灵通、身手轻捷、忠诚任事;但这些校事逐渐演变成为所欲为、滥用权力,终至肆行淫威、陷害无辜,严重地破坏了朝政与体制。

三国职官,大都因袭汉制。建安元年,曹操拜司空(三公之官)。三年,回到许昌,初置军师祭酒。这是司空的僚属,也是曹操置官之始。

后来出现一种特殊的官员,其职司类似明之东厂、近代的密探(也即秘密警察),这就是校事。曹操所以设置此职,就为了广耳目、刺隐秘,和他的性格诡诈残忍、善用权谋的特点正相符合。校事的头目有卢洪、赵达,当时军中就有这样的谚语:"不畏曹公,但畏卢洪,卢洪尚可,赵达杀我。"这就反映了他们的可怕面目，也是属于鬼见愁一流人物。这些人的来历，正史上都没有记载，常常是忽然出现，当初想必也是用秘密方式搜罗到的。他们的情报灵通，身手轻捷，对人主绝对忠诚，人主也给他们以特殊的权力，可以为所欲为，予取予求，然而朝廷的正常职权也给他们破坏了。

高柔为曹操的法曹掾时，就向曹操进谏说："设法分职，各有所司。今置校事，既非居上信下之旨，又达等数以憎爱擅作威福，宜检治之。"法曹掾管的是司法上的案件，自然会与校事的活动发生冲突，曹操却回答说："卿知达等，恐不如吾也。要能刺举而辨众事（事无大小皆能侦悉），使贤人君子为之，则不能也。昔叔孙通用群盗，良有以也。"曹操的话倒很坦率，似乎也不算错，例如将全副精力用在"刺举"上，贤人君子能做得到么？这中间还有一个德操问题，贤人君子不能不考虑，校事却什么都不放在心上。

高柔对校事一直在斗争着。曹操逝世，曹丕登帝位后，猎法甚严。有个宜阳典农（校尉）刘龟私自在禁苑内射猎，这当然是违禁的，刘龟的功曹（助手）张京便到校事那里去告发，校事也立即向曹丕"刺举"，曹丕故意隐匿告密者的名字，高柔就上表要求公开告密者的名字，这当然也是故意这样做的，曹丕大怒说："刘龟当死，乃敢猎吾禁地。送龟廷殿，廷尉便当考（通'拷'）掠，何复请告者主名，吾岂妄收龟邪？"高柔说："廷尉，天下之平也（按：此本张释之语），安得以至尊喜怒而毁法乎？"高柔认为，曹丕这样做，不是按照正常的司法程序，曹丕只得将告密者的名字公开，并将各人处以应得之罪。

张京的告发并没有错，但应该到执法部门去告，不应告到校事那里。这一程序，张京应该是知道的，现在这样做，无非想谄附校事，因而也是错的，高柔也看到了这一点。

在黄初初期的数年间，吏民被校事刺探的案件多至以万计，高柔估计其中必有诬陷，便上表要求核对虚实，有些因过失而犯禁的，高柔即用罚金处分。

从曹操到齐王曹芳时是第四代，而校事愈加猖狂，黄门侍郎程晓乃上疏痛陈校事之祸，大意说：远览典志，近观秦汉，从无校事之官干扰朝政的。当初武皇帝创置校事，原是权宜之计，然检御有方，尚不至放纵。后来渐蒙信任，便成祸患，上察宫庙，下摄众司。他们的权力，没有什么界限名分，只是随意任情，唯心所适。法造于笔端，狱成于门下。大臣耻与分势，含忍而不言，小人畏其锋芒，郁结而无告。如今朝廷各个职官，都是从贤才中选拔出来的，"若此诸贤犹不足任，校事小吏，益不可信。若此诸贤各思尽忠，校事区区，亦复无益"。

这是论校事罪恶最痛切的一篇，也是密探史上的重要资料，一般读《三国志》的人不一定注意到。疏中提到曹操创置此职，似也隐讽其作俑之过，程晓传中就只载这篇疏文。当时因为司马氏专权，任校事的都是曹魏旧人，因而便撤销校事之职。

可是曹魏之外，孙吴也有校事（亦名典校郎），因为这种秘密活动，效果自然比公开的强，光凭御史中丞、司隶校尉的官员们能够得到多少情报？特别是对大臣的隐事，更要用秘密手段。吴国校事中的著名人物为吕壹，《吴志·孙权传》云："初，权信任校事吕壹，壹性苛惨，用法深刻。太子登数谏，权不纳，大臣由是莫敢言。"

这里且举两个故事。

吕壹诬告前任江夏太守刁嘉"谤讪国政"，孙权怒而收刁嘉于狱。但"谤讪国政"云云，原是一句极为抽象的浑话，没有什么真凭实据，所以还要追究有没有听到过的人。受株连者因害怕吕壹的淫威，都说听到过的，独有侍中（皇帝的顾问）是仪说"无闻"，于是穷追数日，诏旨亦特别严厉，是仪对曰："今刀锯已在臣颈，臣何敢为嘉隐讳，自取夷灭，为不忠之鬼，顾以闻知当有本末。"因而"据实答问,辞不倾移",即仍不改变他原来的"无闻"答辞。孙权没法,只得罢休。何焯《义门读书记》卷二十八云:"若辞有倾移,亦并得祸,巧者不皆可幸也。"说得很深刻又很风趣,意思是,如果胡乱承认听到过的话,是仪本人也会得祸的;身为大臣,怎么不先来举发?

由于校事横行,连丞相顾雍也被举发,并被禁止进入殿省,行动不得自由。黄门侍郎谢宏与吕壹交谈时,曾问道:"顾公事何如?"吕壹答道:"不能佳(不妙)。"宏又问:"若此公免退,谁当代之?"壹未答,宏曰:"得无潘太常乎?"壹良久曰:"君语近是也。"宏诪曰:"潘太常切齿于君,但道远无因耳。今日代顾公,恐明日便击君矣。"吕壹害怕了,只得不再陷害顾雍。何焯云:"此宏之巧于解元叹(顾雍之字)之结也。"但丞相任免,权操校事,亦见吕壹这时的声势。

潘太常指潘濬,当时与陆逊同驻武昌,举奏百官之罪非太常职分,所以谢宏这样说。《通鉴》卷七十四,此句作"但道无因耳",无"远"字,意思是:潘太常对你切齿痛恨,只是他现在的职权没法收拾你。

但潘濬确实想为国除害,甘愿以身抵偿,准备在大宴群僚时手刃吕壹,吕壹得知后,便托病不赴,可见他情报之灵通。

那么，吕壹最后又是怎样的下场呢？

孙权嘉禾时，始铸大钱，一当五百。这时驸马朱据任左将军，他的部曲（私人部队）应该可以受钱三百缗，却被工匠王遂诈欺而得，吕壹疑心是朱据实取，便拷问朱据的军吏，后者就此死于棍下。朱据哀其无辜，厚棺殓之，吕壹又告发这个军吏必替朱据隐瞒，所以朱据这样厚待他。孙权多次责问朱据，朱据没法说了，只好坐在草堆上待罪。数月（《通鉴》作"数日"，当是）后，典军之吏刘助了解这一案件的内幕，便向孙权上言，说是被王遂诈欺，孙权大为感悟，说："朱据见枉，况吏民乎？"乃穷治吕壹之罪，赏刘助钱百万。

吕壹下狱后，顾雍因为要断狱，前往探问，和颜悦色，问吕壹情状，又对他说："君意得无欲有所道？"壹叩头无言，这时尚书郎怀叙当面辱骂吕壹，顾雍责叙曰："官有正法，何至于此！"顾雍究不失大臣风度。

顾雍已看到吕壹心事，吕壹为什么叩头无言？

由于孙权多疑，吕壹不敢将话向顾雍全盘说出，生怕说出后，一些大臣衔恨吕壹前事，像他那样向孙权告发，反而加重处罚，因为他还是想活命的（最后是被斩）。也就是说，当初吕壹受到孙权宠信，恣意他刺举大臣时，一定向他拍过胸、给他壮过胆的，不然的话，吕壹不过一校事，怎敢这样胡作妄

顾雍

为?是仪、朱据等,差一点不就成为冤案中人?可是这时他已沦为阶下囚,什么话也说不响,还敢说到孙权头上吗?

孙吴校事的祸患,并不下于曹魏,所以左丞相陆凯病重时,上书孙皓,中有"夫校事,吏民之仇也"语,至孙亮时,诸葛恪为太傅,乃将校事罢废。

由于校事对什么都不放过,连酒业也要垄断,因而常常发生"侵官"事件,与大臣之间的矛盾日益加深。但人主又需要大臣同心辅政,如果大臣纷纷怨恨离心,影响朝政,人主也是害怕的,何况错在校事,曹操也只得杀校事以谢高柔,这也是"瓦罐不离井上破",吾乡俗语所谓"酱里虫,酱里死"。校事这一职务本身,注定他们要犯众怒。但无论宠信或惩罚,只有极峰的君主能操生杀之权,像潘浚那样欲手刃吕壹,自己就要准备送掉老命。

附记:

我不知道有没有记错,抗战胜利后,《申报》*的文史周刊上,登载过胡适谈校事之文。时值军统横行,胡先生此文,或有感而发。

---

* 似为《大公报》。——编者注

华歆出卖伏皇后？

华歆一生最为士论所鄙薄的，就是他从壁间揪汉献帝伏皇后这件大事。正史中非但无此记载，而且从头到尾，都说到他在政治上、性格上的优点。

少年时看乡下草台班的曹操逼宫《逍遥津》，大家对小花脸华歆的憎恨超过了大花脸的曹操（京剧全据《三国演义》），从此知道华歆是坏人。后来读《幼学琼林》中的"割席"故事，以为这就是华歆年轻时的素质。

华歆在历史上并非重要人物，其生平最为士论所鄙薄的，就是从壁间揪献帝伏皇后这件大事。有人说是古今所未有，可是看了《三国志·华歆传》，非但无揪伏后之事，而且从头到尾，都是记载他政治上、性格上的优点。

《三国志·武帝纪》：建安十九年十一月，"汉皇后伏氏坐昔与父故屯骑校尉完书，云帝以董承被诛怨恨公，辞其丑恶，发闻，后废黜死，兄弟皆伏法"。无只字涉及华歆，但从传文语气上，也可看出《三国志》作者陈寿的倾向，如云"废黜死""伏法"，等于说错在伏后。

但裴注又引《曹瞒传》云："公遣华歆勒兵入宫收后，后闭户匿壁中。歆坏户发壁，牵后出。帝时与御史大夫郗虑坐，后被（披）发徒跣过，执帝手曰：'不能复相活邪？'帝曰：'我亦不自知命在何时也。'帝谓虑曰：'郗公，天下宁有是邪！'遂将后杀之，完及宗族死者数百人。"范晔《后汉书·伏皇后传》，即据此记述，也便是唯一的证据，因而引起后人的两种议论。

一种是不信华歆有揪伏后事，卢弼《三国志集解》引清严衍云："《曹瞒传》吴人所作，焉知非异域传闻之误邪？不然，汉之末造，国运虽替，清议犹严，故以陈寿之才名，世人所重也，止以居丧使婢丸药，遂蒙讥谤废滞者数年。……使歆果有此事，则众实有口，谁能箝之？况殿廷之上，非私家曲室之比也。一举一动，万目所共睹，亦万口所共传，岂公论独刻于陈寿、杨训而私于华歆？岂逆天悖理之事，他国史臣犹闻之，二三百年后之范晔犹闻之，独同朝共事之人反不闻邪？"

周寿昌云："盖歆之子孙，在晋世列显要，而歆孙峤尤领史职，见称当时。沿及刘宋，其裔尚为显宦，故陈氏避忌，不敢用直笔，即裴氏注亦仅隐约其辞（但实已很明白）。非范史诸书，歆逼君杀后之恶，几无可见矣。南董［南董，春秋齐史官南史、晋史官董狐，皆以直笔不讳著称］可易言哉？"这比一味痛骂华歆的较为客观。

卢弼针对严衍之说有云："严说诚辨，而以王鸣盛说深得承祚合传之意［原注：王说见《钟繇传》］，发壁牵后，《曹瞒传》外，他无佐证，诚为千古疑案。然歆自江东归来，勋庸未建，竟代文若（荀彧），坐跻三公。魏武父子，岂无功而爵人者？相国统率群僚，受禅上言［原注：见《文纪》注］，殷勤劝进，此中契合，可耐寻思。当日情思，如在目前。千秋功罪，可判然矣。"唐庚亦以为，曹操虽奸雄，然使人各当其理，当时他要指使的人多的是，为什么偏偏派华歆？"歆果贤邪，操亦不敢以此使之。"那也可说量才录用了。

《世说新语》中记载了几则华歆的故事，其中褒贬兼具，余嘉锡《笺疏》颇有引证，德行篇之十三引章炳麟《菿汉昌言》之五，讥华歆为"矫饰干誉，有非恒人所能测者矣"。又曰："歆之得誉，亦缘峤之《谱叙》，范书载歆勒兵收伏后事，本诸吴人所作《曹瞒传》，若峤所作《后汉书》，必不载也。"余氏按语云："自后汉之末，以至六朝，士人往往饰容止、盛言谈，小廉曲谨，以邀声誉。逮至闻望既高，四方宗仰，虽卖国求荣，犹翕然以名德推之。华歆、王朗、陈群之徒，其作俑者也。"

然则华歆揪伏后事，已无所谓疑案。伏后之死是明明白白的事实，总是有人去下毒手的，那么，又是谁呢？总不见得是曹操本人。陈寿是帝魏的，从上引《武帝纪》的词意看，他的态度也很清楚，但勒兵坏壁，逼帝杀后，究为士论所不容，加上"歆之子孙，在晋世列显要"，因而只好隐没。严衍的"一举一动，万目所共睹"云云，实是文不对题，初非陈寿之所计较。《曹瞒传》虽吴人所作，但若果无其事，也不会凭空捏造，坏人名节的。要明白历史的真相，实在也大不容易。这篇小文中抄录了那么多前人的论说，看来还是必要的。

董卓与吕布恩仇记

董卓是个乱臣,是汉朝的终结者;吕布是个猛将,虽有野心,却因反复不定而自毁前程。董卓与吕布两人"父子同科",性格上都有致命的因子,彼此相互毁灭,在闪亮的三国舞台搭成之前,便相继出局。

旧时史家也有将王莽、董卓、曹操相提并论的,其实全出于正统的偏见。王莽是失败的改革家,曹操对历史功大于过,又是杰出的文学家。王、曹固然有政治野心,仍不失为政治家,所以对曹操不存在翻案问题,要翻也是翻小说戏曲的案。

董卓在历史上毫无贡献可言,但从历史的转变来说,倒是个重要人物,因为董卓之乱结束后,便是群雄割据,进而三国鼎立,所以,《三国志》和《后汉书》都有他的传,紧接《魏志》的后妃传之后,第一名就是董卓。

他是陇西临洮人，年轻时是一个游侠性的武夫。由于外戚与宦官的混斗，天下大乱，朝廷曾经两次征召过他，他都不肯去，只是驻兵河东，静观时局的变化。

灵帝逝世，大将军何进、司隶校尉袁绍谋诛阉人，何太后却不答应（后妃们总是要以宦官为耳目的），何进便私呼董卓带兵进京，可是没等到董卓入城，何进已失败了，宦官段珪等便将少帝刘辩和陈留王刘协劫持出京。

刘辩是灵帝长子，何皇后所生，时年十四岁。刘协是灵帝次子，王美人所生，时年九岁。董卓追赶到北芒，准备奉迎。少帝见了董卓带兵而来，吓得只会哭泣，董卓向他问话，他却说不上来，向陈留王问话，陈留王却能把祸乱经过说得清楚，董卓便以为陈留王贤明，遂有废立之意。

废立天子是一件大事情，大臣如卢植就表示反对，因为少帝并没有什么过错，但由于董卓的擅权高压，经过两次会议，终于将少帝废去，立陈留王为帝即献帝，也就是汉朝的最后一个皇帝，同时还将何太后毒死。

董卓所以另立献帝，不但因为献帝只有九岁，容易摆布，也因这是他所拥立，对他自然会有好感。

董卓初进京时，士兵只有三千，自己觉得太少，不足以服众，因而每隔四五天，将自己的士兵于夜间放了出去，第二天

董卓

便陈旌鼓而入城,又宣传说:"西兵复入至洛中。"人家不知道他的诡计,还以为他的部队不知有多少。

后来,何进、何苗两兄弟的部曲也归董卓,又使吕布杀丁原,将丁部并吞,董卓的兵力因而大盛。这一来,武库的兵器、国家的珍宝也都为他所有。他又放纵士兵到处抢劫,"卓性残忍不仁……尝遣军到阳城。时适二月社，民各在其社下，悉就断其男子头，驾其车牛，载其妇女财物，以所断头系车辕轴，连轸而还洛，云攻贼大获，称万岁。入开阳城门，焚烧其头，以妇女与甲兵为婢妾"。（《三国志·董卓传》）《后汉书·董卓传》称董卓此举为"搜牢"，意思是，凡是牢固的地方，都要经过搜刮。所以，当何太后下葬时，又将灵帝的陵墓打开，掠取陵中的珍宝。这是发生在洛阳的。

这时山东豪杰并起，他感到不安全，乃将弘农王毒死，于初平元年二月，将献帝迁至长安，太尉黄琬、司徒杨彪廷争而无效。

长安遭赤眉之乱，本已残破荒凉，"于是尽徙洛阳人数百万口于长安，步骑驱蹙，更相蹈藉，饥饿寇掠，积尸盈路。卓自屯留毕圭苑中，悉烧宫庙官府居家，二百里内无复孑遗。又使吕布发诸帝陵，及公卿已（以）下冢墓，收其珍宝"。（《后汉书》）董卓的部下也有胡羌，蔡文姬的被掳，大概也是在这次祸乱中，她的《悲愤诗》中说："猎野围城邑，所向悉破亡。斩截无孑遗，尸骸相掌拒。马边悬男头，马后载妇女。长驱西入关，迥路险且阻……"［《悲愤诗》是否为蔡文姬所作，学者也有争议。］

这一大段文字，就是用诗歌的形式，抒写她当时身受的种种凄惨恐怖的经历。

董卓又筑坞于郿（今陕西眉县），高厚七丈［唐代所见的郿坞旧基为高一丈，周围一里一百步］，积谷可供三十年，自云："事成，雄据天下，不成，守此足以毕老。"他到郿坞时，公卿以下送行于横门外。于慎行《读史漫录》卷四云："董卓痴奴也，积金郿坞。果能雄据天下，何有于郿坞，事若不成，身无处所，安得郿坞而据之？卓徒一力士之雄耳。王允以一剑之任，当关东百万之师，可谓智收于卓者矣。"

王允是司徒，相当于丞相。汉以太尉、司徒、司空为三公，国有大事，皆由三公裁定。董卓之为太师，是他自己盗封的，非汉本制。

王允为人正直，史称其"少好大节，有志于立功"。他矫情曲意，依附董卓，取得了董卓的信任，心中却想为国除奸。他看到董卓残暴专横，有篡位的预兆，便与吕布及仆射士孙瑞密谋诛董卓。有人书"吕"字于布上，肩背而行街市，并歌唱着说："布乎！"有人告诉董卓，董卓却不理会，反而出入要吕布做保镖。

有一天，董卓朝服升车，忽然马惊堕泥，即回府更衣，其少妻阻止他,他却不听。少妻为什么要阻止他?可见当时的局势确是很紧张。

于是陈兵夹道,从军营到宫里,左右都是步兵和骑兵。王允令骑都尉李肃和心腹勇士十余人,伪着卫士服于北掖门内等待董卓。董卓将至时,忽又马惊而不行,怪惧欲还,吕布劝他前进,遂入掖门,李肃以戟刺之,"卓衷甲不入",意思是董卓外面穿着朝服,里面却是革制的护身衣,故未及要害,只是伤臂坠车,大叫道:"吕布何在!"吕布说:"有诏讨贼臣。"卓大骂曰:"庸狗敢如是邪!"布应声持矛刺卓,并促令士兵斩之。主簿田仪和董卓仆人前去收尸,又被吕布所杀。一时士卒皆称万岁,百姓歌舞于道。

董卓身体肥胖,这时又逢热天,陈尸于市时,脂流于地,"守尸吏然火置卓脐中,光明达曙,如是积日"。正史中的传记,每有小说色彩,《后汉书》尤其显著(《三国志》写此事就很简略),也增加了读者的兴趣,但也有夸张过分之处,如写董卓在郿坞饮酒杀人一段,就不大可信。

董卓是否真想篡位,无法断言,但他的被杀,实际也是一场政变。董卓与吕布的关系,上文已略有涉及,董卓死后,有兵力的皆割据一方,吕布袭取下邳后,自称徐州刺史,后人谈董卓的必关合吕布。

京剧中的吕布与周瑜皆属翎子小生，扮相亦英俊潇洒，实则两人流品大不相同，就像同是大花脸，而董卓与曹操迥异。

吕布也是后汉末期的军阀化身，陈登说吕布"勇而无谋，轻于去就"，前者还是才能上的，后者却是品格上的。陈登又曾对曹操说，养吕布如养虎，当饱其肉，不饱则将噬人。曹操立即纠正了他："譬如养鹰，饥即为用，饱则扬去。"他的戎马生活，就是这样度过的。他有一匹良马叫赤兔，时人有"人中有吕布，马中有赤兔"语，可见他在当时的威望，而赤兔亦并非关羽所专有。

丁原（字建阳）为并州刺史时，待吕布十分亲厚，也是第一个识拔吕布的人。董卓欲杀丁原兼并其部下，因为吕布颇为丁原信任，便诱布杀原，布即斩原之首亲送至董卓营中，董卓大为欣喜，誓为父子。董卓势力的扩张，实由吕布助纣为虐。

《三国志·吕布传》有这样一段记载："卓自以遇人无礼，恐人谋己，行止常以布自卫。然卓性刚而褊，忿不思难（发脾气时不想到后患），尝小失意，拔手戟掷布。布拳捷避之，为卓顾谢，卓意亦解，由是阴怨卓。卓常使布守中阁（阁），布与卓侍婢私通，恐事发觉，心不自安。"

这个阁中侍婢，《三国演义》中便成为貂蝉了。董卓虽未发觉，吕布却在担心。王允要吕布为内应时，吕布曾说过"奈如父子何"的话，王允说："君自姓吕，本非骨肉，今忧死不暇，何谓父子？"《后汉书·吕布传》又加了"掷戟之时，岂有父子情也"二语，挑拨性更大了。

吕布杀了董卓后，王允即任布为奋尉将军，封温侯。后来董卓部下还攻长安，吕布无力抵抗，带领数百骑到袁术处，自以为杀了董卓，替袁术报仇，袁术恶其反复，拒而不受。《后汉书》记载稍有不同：吕布战败后，将董卓的头系在马鞍上，投奔袁术。袁术起先待他很优厚，吕布亦自恃有德于袁氏，遂纵兵劫掠，因而为袁术所忌，吕布心不自安，只好投靠河内的张杨了。

建安三年，吕布被曹操围于下邳（今江苏宿迁境内）的白门楼（下邳大城的门楼），布见兵围甚急，只得投降，乃将布生缚。吕布向曹操央求："明公所患，不过于布。今已服矣，天下不足忧。明公将步（兵），令布将骑（兵），则天下不足定也。"曹操犹豫不决，"刘备进曰：'明公不见布之事丁建阳及董太师乎？'太祖颔之。布因指备曰：'是儿最叵（"不可"的合读）信者。'于是缢杀布"。此据《三国志》，但这时吕布被紧绑着，不可能用手指刘备，《后汉书》作"布目备曰：'大耳儿最叵信'"，《通鉴》从之。

刘备为什么必欲置吕布于死地？于慎行《读史漫录》卷

白门楼吕布殒命

五云:"吕布,剑客之雄耳,非大豪也。其性决易,所谓无常。……然使得为操用,则夏侯惇、许褚之流,远出其下,以操御之,正自有余,何至如丁原、董卓。而玄德不肯一言,非忌布也,乃忌操也。先主此等识见,又操所不能参,英雄亦有三昧。"这是根据上述吕布央求曹操的话而说的,但刘备恐还是直接从丁原、董卓身上有所警戒,而且主张杀吕布的不止刘备一人,吕布实在太反复了。

王夫之《读通鉴论》卷九说:"吕布不死,天下无可定乱之机,昭烈劝曹操速杀之,此操所以心折于昭烈也。"他又以为吕布有骁勇之力以助其恶,只要有人唝他激他触他,他就无所不为,"吕布殪,而天下之乱始有乍息之时,乱人不亡,乱靡有定,必矣"。

董卓是草包,是乱臣,作恶只有三年,从其残暴这一点来说,也可说是土匪型的军阀。吕布呢,曹操早就说他是狼子野心,王夫之说他是乱人。我们从京剧里看到的,还以为是一个俊美的少年英雄,白门楼丧命,又替他惋惜,哪里知道阴险反复到这个程度。陈宫是吕布的幕僚,同时被擒,曹操想让他活命,他不愿意,固请就刑,曹操为之流泪,这就比吕布壮烈了。

蔡邕的诗文与晚节

刚直磊落的蔡邕,却在晚年投身浊流,侍奉董卓。他一生际遇坎坷,能在晚年受到董卓的器重,未始没有知遇之感。

蔡邕的文章,多半是碑铭,也无甚特色。但蔡伯喈的名声,却因赵五娘故事而盛传于民间,从陆游《小舟游近村舍舟步归》的"死后是非谁管得,满村听说蔡中郎"诗句看,可见他们的故事,南宋时已成为负鼓盲翁的说唱材料。到元末明初,高明(则诚)又编为南戏《琵琶记》,并在舞台上演出,蔡伯喈更成为著名的舞台人物,京剧的《扫松》一折,即取材于《琵琶记》。

高明之作《琵琶记》,据徐渭《南词叙录》说,是为了"惜伯喈之被谤",因为早期戏文《赵贞女蔡二郎》,是把蔡伯喈写成背亲弃妇，终于被暴雷震死的人物，高明则把他写成忠孝两全的正人，所以明刻四卷本的戏文有一种便叫《蔡中郎忠孝传》。

从《后汉书》等记载看，历史上的蔡邕还是好的，最为后人讥评的，就是晚年依附董卓，后即因此而死于狱中。但他受董卓辟召，实出于被迫。在此之先，他曾两次遭到宦官亲属的陷害，后一次亡命江海达十二年。到了董卓为司空，慕名拉拢他时，他起先还托病推却，董卓闻而大怒说："我力能族人，蔡邕遂偃蹇者不旋踵矣。"便是以灭族来威胁，一面严令地方官一定要蔡邕出来。〔《琵琶记》中写蔡伯喈为牛太师之婿，起先也曾拒婚，这固非高明有意影附而为偶合，却也令人联想。〕

蔡邕原不想投身浊流，却又在忧患之余，只得往官府报到。接着，便颇受董卓的器重，"三日之间，周历三台"（由御史台迁尚书台），董卓对他的规谏，也都采纳。所以，他对董卓未始没有知遇之感，还上过《表太尉董公可相国》文。《后汉书》的传评即有"名浇身毁"的责词，张溥《蔡中郎集》题词，也于惋惜中含谴讽之意，陈子龙讽刺钱谦益也有"青史何曾惜蔡邕"语。蔡邕活了六十一岁，从董卓时年已五十八，但就其大半生的言行观之，还是刚直磊落，不幸却毁于晚节，但王允必欲置于死地，也嫌过分。

从今天的观念来说，蔡邕只能说是一个学者。他的诗，今存为六首，较佳的为五言的《翠鸟诗》，四言的实为铭文的余沫，另有一首《饮马长城窟行》，固是名篇，但原为佚名的古辞，《玉台新咏》则题蔡邕作，我们如果和他的六首诗并阅，两者艺术上的高下便很分明。蔡邕本非诗人，他不可能写出这样的诗篇。

他的女儿蔡琰（文姬），相传有《胡笳十八拍》和骚体的、五言的《悲愤诗》，如果真的出于文姬之手，自然远胜过她父亲，但《十八拍》与骚体的《悲愤诗》，现代大部分学者皆认为伪托，只相信五言的那一首，叮是苏轼已说过"颇类《木兰诗》，东京（指东汉）无此格也"（《仇池笔记·拟作》）。不过他只凭眼力，未作学术上的考证，近年来有些学者曾从内容上、史实上加以考察，认为也是伪作，颇有见地。我以为这可能是后人痛恨董卓的乱政，借蔡女以泄愤之作，如果此说不诬，那么，蔡琰就没有什么作品流传下来了。

蔡邕虽以碑铭著名，这些碑铭却很卑芜，陆云在与其兄陆机信中，就说"铭之善者，亦复数篇，其余平平"。王世贞《艺苑卮言》卷三，也说"蔡中郎之文弱，力不副见，差去浮耳"。章学诚《丙辰札记》说："中郎学优而才短，观遗集碑版文字，不见所长。如撰《后汉书》，未必长于范、

蔡文姬

陈。"［蔡邕曾参加《东观汉记》的编修，被治罪时，要求"黥手刖足，继成汉史"，未为王允准许。范指《后汉书》作者范晔，陈指《三国志》作者陈寿，因《三国志》中所记多是后汉史事。］所谓"学优而才短"，正说明蔡邕缺乏诗人的才情。蔡邕自己曾说过："吾为碑铭多矣，皆有惭德，唯郭有道无愧色耳。"（《后汉书·郭太传》）这一点倒是很考实的。碑铭中总是有许多谀颂之词，但在谀颂之中，仍可窥见作者的才情识见，看一看蔡作的郭有道碑，其实也很平庸，他之所谓"无愧色"，原指像郭太那样有品节的人，碑铭中所作的颂扬才不致使自己有违心之言的内疚。

倒是他的小赋《述行赋》，不失为愤世嫉俗之作，如"穷巧变于台榭兮，民露处而寝湿。消嘉谷于禽兽兮，下糠秕而无粒"，也可说是杜甫"朱门酒肉臭，路有冻死骨"的先声。

谈到蔡邕，就要想到"中郎无子"这句话，历代学者本无异词，《后汉书·董祀妻（即蔡琰）传》也明白记载："曹操素与邕善，痛其无嗣，乃遣使者以金璧赎之。"但因《晋书·羊祜传》有记羊祜是蔡邕外孙，祜因伐吴有功，便请晋室将他的爵土"乞以赐舅子蔡袭"事，王先谦《后汉书集解》便说："此云痛其无嗣，或有子未能嗣业，或子已卒，孙犹稚也。无嗣，犹云无传，与无后自有

蔡邕的诗文与晚节　／071

别。邕有孙袭，明见《晋书·羊祜传》，固非无后也。祜后母蔡，同为邕女。……而操必远赎文姬者，正以文姬独能传父业耳。"这就全属臆说，也即说蔡琰本有姊妹了。今试论王说之误：

（一）嗣作单字用，固可解为继承、嗣业，但"无嗣"连用只能作无子和无后解。

（二）王氏以蔡女为羊祜后母，但《羊祜传》中说："祜前母，孔融女，生兄发。"又云："发与祜同母兄承俱得病。"可见蔡女是羊祜生母而非后母（对羊发来说是后母），这蔡女却非蔡邕亲生女儿。

（三）蔡邕早丧二亲，即与叔父蔡质及从弟同居，感情很亲密，在《被收时表》中有"如臣父子欲相伤陷"语，即以父子喻叔侄之情，又说"臣年四十有六，孤特一身"，即指其自己无子，似也可证文姬此时已被掳掠。

（四）因此，《羊祜传》中说的承袭其爵土的蔡袭（羊祜表弟），或是蔡质的后代，或是蔡邕另一个族孙。《晋书》谓羊祜是"蔡邕外孙"，可能是蔡邕有侄子过继给他，羊祜则为蔡邕侄女所生，故也可称外孙；再则从广义说，称堂外孙为外孙也还可通，现在民间犹有这类称谓。羊蔡联姻，非止一代，蔡邕在外避难时，曾寄居于太山羊氏，就是其亲戚家。中唐司空曙《喜外弟卢纶见宿》诗,末云:"平生自有分,况是霍家亲",霍家亲如指霍光家,用在这首诗中不可解,所以一作"蔡家亲",即泛喻表亲。

祢衡与《鹦鹉赋》

祢衡被曹操当成烫手山芋丢掉,又被刘表所忌而拱手让人,等到投奔黄祖时,已是第三个主人了。放眼江湖,让他有自伤飘零之感,黄祖之子黄射以异才视之,使祢衡满怀激情,作《鹦鹉赋》,流露出守死报德的悲情。

中国历史上有许多奇特的姓氏,祢衡之称,就是其中之一。《文士传》说"衡不知先所出"。他与孔融是忘年交,孔融长他二十岁,同是鲁人。他是个性高气傲、目空一切的人。初到颍川,身怀一刺,却无所依适,终于连刺片上的名字也模糊了。但他对孔融和杨修却很尊重,曾说:"大儿孔文举,小儿杨德祖。余子碌碌,莫足数也。"

孔融曾上疏荐其才,疏中有"鸷鸟累伯(百),不如一鹗"语。后又几次向曹操推荐,曹操要想见他,他却看不起曹操,自称狂病,不肯前往,还口出放肆的话。曹操恼怒了,因衡有才名,不欲杀之,遂欲辱之,闻祢衡善击鼓,乃召为鼓吏。《后汉书·祢衡传》云:"衡方为《渔阳》参挝,蹀躞而前,容态有异,声节悲壮,听者莫不慷慨。"后来竟至"裸身而立"。曹操笑曰:"本欲辱衡,衡反辱孤。"

这类情节,自然是小说戏剧上的好题材,特别是对曹操的挖苦,更易得到共鸣。京剧中饰祢衡的须生(老生)本来都是裸着上身的,所以曹操有"今日老夫大宴君臣,尔赤身露体,成何体统"的话。可是女伶演骂曹时,却不好办了,后来男演员上场时也有不裸上身的。

传中的"《渔阳》参挝"的《渔阳》是曲名,参挝一作"掺挝"或"参挏",因众说纷纭,至今仍无达诂。又据《抱朴子·弹衡》:"乃谪作鼓吏,衡了无悔情耻色,乃缚角于柱,口就吹之,乃有异声,并摇鼗(小鼓,犹今之拨浪鼓)击鼓,闻者不知其一人也。"这却又是一种绝技了。

击鼓之后,孔融曾责备他:"正平大雅,固当尔邪?"同时表达曹操对他的爱慕之意,衡乃往见曹操。到了营门,又大说狂话,门吏请曹操治罪,曹操说:"祢衡竖子,孤杀之犹雀鼠耳。顾此人素有虚名,远近将谓孤不能容之,今送与刘表,视当何如。"果真是奸雄本色。于是遣人骑送之。

刘表及荆州士大夫爱祢衡才名，颇加优礼，不想后来祢衡又侮辱刘表，刘表耻之，无法容忍，因江夏太守黄祖性急躁，便将祢衡送与黄祖，那是存心要祢衡丧命的。

黄祖起先倒也善待祢衡，还让他做书记。黄祖的儿子黄射，时为章陵太守，对祢衡尤为友好。有一次大会宾客，有人献上鹦鹉，黄射举卮于祢衡，曰："愿先生赋之，以娱嘉宾。"衡便揽笔而作，辞采甚丽。

后来黄祖在大船上，"大会宾客，而衡言不逊顺，祖惭，乃诃之，衡更熟视曰：'死公！云等道？'"祖大怒，令部下推出，祢衡还大骂不止，遂被杀。年二十六。等到黄射徒跣（赤足步行）来救时，已经来不及了。

《后汉书》作者范晔是刘宋人，"死公！云等道？"当是六朝时代的骂人俗语，用今天的话来说，便是"死老头，你在说什么？"但《后汉书》对祢衡如何侮弄黄祖的细节，未有记载，惠栋《后汉书补注》卷十八引《祢衡别传》，记载得较为具体：宴会时，"作黍臛（有肉糜的羹）既至，先在衡前，衡得便饱食，初不顾左右。既毕，复转弄以戏。时江夏有张伯云亦在坐，调之曰：'礼教云何而食此？'正平不答，弄黍如故。祖曰：'处士不当搏之也。'衡谓祖曰：'君子宁闻车前马糠（屁）？'祖向之，衡熟视骂曰：'死锻锡公！'"于是被杀。

祢处士真是何苦来呢?他骂的"死锻锡公",其义已不可考。《淮南子·本经训》云:"雕琢之饰,锻锡文饶,乍晦乍明。"则似为假正经、伪君子之意。(也可解为打铁匠。)

《通鉴》卷六十二胡三省云:"操怒衡而送与表,犹以表为宽和爱士,观其能容与否也。表怒衡而送与祖,知祖性急,必不能容衡,是必欲置之死地耳。二人皆挟数用术,表则浅矣。"当时如黄射在场,祢衡不至于死。后射闻衡死,怆凄流涕对黄祖说:"此有异才,曹操及刘荆州不杀,大人奈何杀之!"故宋湘《过鹦鹉洲诗》云:"自昔异才无达命,怜君遇难不低头。"

冒鹤亭先生《疚斋日记·读三国志魏志》云:"曹操之待祢衡,极似后来袁世凯之待章炳麟,不之杀也。"[刘成禺《洪宪纪事诗本事簿注》卷二:"洪宪元旦草诏,有人谓非太炎先生莫属者,项城曰:何必苦人所难,是速其死也,我不愿太炎为祢衡,我岂可为变相之黄祖乎?若此则太炎必为方孝孺矣!"亦可印证。]又云:"自徐天池作《骂曹》一折,入之《四声猿》杂剧中,而二黄班(二黄者黄冈黄陂)亦有此戏。"光绪时,谭鑫培演此,最负大名,贵游有费千金学其打鼓者,余数听之,音节诚妙,打之之法,或鼓心,或鼓侧,手如白雨点也。因忆《礼记·投壶篇》，有鲁鼓薛鼓打法，□者为鼓心［原注：其音镗镗然，故知为鼓心］，○者为鼓侧［原注：其音榻榻然，故知为鼓侧］。鹤老并有图象示意：

鲁鼓○□○○□□○○○□半（云半者至此为一段也，下同）

○□○○○○□□□○

○□○○○□□○○○□□○○□□○半

薛鼓○□○○□□○

此为投壶礼。

鲁鼓○□○○□□○○半

○□○○○○○□□○

○□○○○□□○□□○○□□○○□

薛鼓○半

○□○□○○○○□○

此为射礼。

最后还要谈一谈《鹦鹉赋》。钱锺书先生《管锥编》云："按段成式《酉阳杂俎》卷一一《语资》引魏肇师曰：'《鹦鹉赋》祢衡、潘尼二集并载'，严氏应引作按语。'心怀归而勿果，徒怨毒于一隅。……托轻鄙之微命，委陋浅之薄躯。期守死以报德，甘尽辞以效愚。恃隆恩于既往，庶弥久而不渝。'按其鸣也哀，以此为全篇归宿，似寓托庇受廛之意。故张云璈《选学胶言》卷八疑其与衡之傲世慢物不称，或是他人之作。郑方坤《蔗尾诗集》卷二《秋夜读古赋·各题绝句》：'赋成鹦鹉忽忧生，语作啾啾燕雀声。辜负大儿孔文举，枉将一鹗与题评。'自注：'赋中多求哀乞怜语。'"语固精审，似亦可有说。

祢衡自己也知道别人不喜欢他，他依黄祖时，已是第三个主人了。江湖满地，或许也有自伤飘零之意，而黄射又以异才视之，因而作赋时满怀激情，流露出守死报德的情绪，但激情只是偶发性的，个性却是与生命共存，永难改变，最后还是丧生了。

祢衡的传世作品，有文学价值的只有这篇《鹦鹉赋》，倘是别人所作，恐会被后人讥为求哀乞怜之文，而未必驰名，也真如古语所谓不癫不狂，其名不彰了。

司马懿的伪装术

史书记载,司马懿两次装病,分别骗过曹操、曹爽。这两个政敌都派人前来刺探,见他瘫痪在床,语无伦次,因此而松懈了对他的戒心。司马懿诈病的情节十分生动,但其中却有诸多破绽,殊堪玩味。

《晋书·载记》记石勒对中书令徐兴曰:"大丈夫行事当磊磊落落,如日月皎然,终不能如曹孟德、司马仲达父子,欺他孤儿寡妇,狐媚以取天下也。"

曹操与司马氏父子流品不同,但在谲诈深沉上,却有共通之处。

《晋书·宣帝纪》:建安六年,曹操为司空,闻司马懿之名而召之,"帝(指司马懿)知汉运方微,不欲屈节曹氏,辞以风痹,不能起居。魏武使人夜往密刺之,帝坚卧不动。及魏武为丞相，又辟为文学掾，敕行者曰：'若复盘桓，便收之。'帝惧而就职"。可见曹操已识破懿病是假装的。《宣穆张皇后传》云："宣帝初辞魏武之命，托以风痹，尝暴书，遇暴雨，不觉自起收之。家唯有一婢见之，后乃恐事泄致祸，遂手杀之以灭口，而亲自执爨。帝由是重之。"亦见司马氏夫妇之残忍。

但司马懿这时只二十余岁，位望轻微，所以叶适《习学记言》二九说："懿是时齿少名微，岂为异日雄豪之地，而操遽惮之至此？且言不欲屈节曹氏，尤非其实。史臣及当时佞谀者意在夸其素美，而无词以述，亦可笑也。"但恐亦暴其诡诈之素性，观下文自明。

魏明帝病重时，想到太子曹芳年幼，便问中书监刘放、中书令孙资，谁可辅政。这时只有曹爽（曹操同族的侄孙）在旁，放、资便推荐曹爽，明帝说："曹爽能胜任么？"曹爽流汗不能答。刘放蹑其足，附耳说："臣以死奉之。"曹爽依样对答。两人又请明帝召司马懿一同参与。这时司马懿方自辽东还师，驻扎在河南汲县，闻召疾驰京师洛阳。

明帝逝世后，齐王曹芳才八岁，乃加曹爽、司马懿侍中，假节钺，都督中外诸军、录尚书事，各领兵三千人，轮流宿卫宫内。于是文武大权，尽归二人（懿原为文人），而曹爽实为

空城计——武侯弹琴退仲达

首辅。

两人初尚能相安无事,但已各自有党羽。后来,曹爽发诏将司马懿由太尉转为太傅,"外以名号尊之,内欲令尚书奏事,先来由己,得制其轻重也"。(《三国志·曹爽传》)卢弼《三国志集解》引王懋竑说,以为太尉在大将军之下,太傅则在大将军之上,未必是夺权,如果曹爽这时已有专制之意,"懿岂不觉之,岂迟至十年而后发乎?"可是这一计策,是爽党丁谧出谋,丁谧正欲以此向曹爽效忠,所以,该是可信的。曹爽是魏之宗室,以司马氏之阴鸷,他自然必有预感。发作与否,还要看机会,并非一发觉就可发作。

曹芳正始七年,懿与爽共议用兵之策,而有所未合。八年,曹爽许多措施,都引起司马懿的不满,两人遂有裂痕。五月,司马懿称疾不与政事。这时他六十九岁,身体未闻有病。至九年春三月,《宣帝纪》云:

> 黄门张当私出掖庭才人石英等十一人,与曹爽为伎人。爽、(何)晏谓帝疾笃,遂有无君之心,与当密谋,图危社稷,期有日矣。帝亦潜为之备,爽之徒属亦颇疑帝。会河南尹李胜将莅荆州,来候帝。帝诈疾笃,使两婢侍,持衣衣落,指口言渴,婢进粥,帝不持杯饮,粥皆

流出沾胸。胜曰："众情谓明公旧风发动，何意尊体乃尔？"帝使声气才属，说："年老枕疾，死在旦夕。君当屈并州，并州近胡，善为之备。恐不复相见，以子师、昭兄弟为托。"胜曰："当还忝本州〔李胜南阳人，南阳郡属荆州，故曰'本州'〕，非并州。"帝乃错乱其辞曰："君方到并州。"胜复曰："当忝荆州。"帝曰："年老意荒，不解君言。今还为本州，盛德壮烈，好建功勋。"胜退告爽曰："司马公尸居余气，形神已离，不足虑矣。"他日，又言曰："太傅不可复济，令人怆然。"故爽等不复设备。

这当是据《曹爽传》所引的《魏末传》节录的，简直像看传奇，也是正史的本纪中不常见的〔司马懿（宣帝）、司马师（景帝）、司马昭（文帝）在世时，名义上还是魏臣，晋人因他们有创业之功，故追尊为帝，《晋书》亦入帝纪。但像《宣帝纪》，其实还是用列传体来写的，刘知幾《史通·列传》，即有"纪名传体，所以成嗤"之说〕，看了既有趣又生疑问，曹爽是膏粱子弟，也是脓包，但手下还有不少谋士，他们真的蠢到这个地步了么？

无病装病，如果是感冒之类，确是很难辨察的。病重到"疾笃",就很难装得像样。就在前一年,司马公明明很健朗,还常和曹爽发生争执,怎么到这时就变得"尸居余气,形神已离"了呢?李胜只要细心一些,即不难看出,何况是面对面。纪中明说"爽之徒属亦颇疑帝",这时怎么就不疑了?李胜是曹党,几乎使人疑心是司马懿派遣的间谍,故意向曹爽这样说。司马懿并非耳聋,怎么会把荆州错成并州,而且连说两次,岂不是更可怀疑?

《集解》引何焯曰:"胜言当为本州,懿若不知荆州,何缘错误曰并州?即一字可悟其诈。意气骄溢,不复审察,遂冥然无觉耳。于此得其匿情相伺之机,固不难为备也。"说得对极了。司马懿即使不知荆州,何至错到并州?一字之诈,曹党正可看出破绽,及时防备,当初曹操就识破司马懿的伪装。曹党一听说司马懿患病,见了之后,又是持衣衣落,粥流胸部,因而得意忘形,头脑发昏了。

司马懿假病装真,曹爽等果然中计,无复戒心。上引爽、晏谓帝疾笃、图危社稷云云,王鸣盛《十七史商榷》卷四十四:"愚谓此马图曹,非曹图马,即或有谋,亦但欲危懿耳,非欲危社稷也。"说得也很中肯,司马氏哪一天不在图谋曹氏呢?

嘉平元年,即装病次年,曹芳谒高平陵(明帝陵墓,在洛阳南），曹爽和弟曹羲、曹训、曹彦（都是将领）也随驾前往，这给司马懿一个大好机会，便利用皇太后的命令，关闭城门，出屯洛水浮桥，疏奏曹爽种种罪恶，这些罪恶其实是很空泛的。一面派侍中许允、尚书陈泰诱说曹爽，要他早日认罪。又派为曹爽信任的殿中校尉尹大目向曹爽说，只是免官而已，并以洛水为誓。这时的尹大目，实已归附了司马懿。

桓范是曹氏乡里耆宿，素受曹爽敬重，他设计赚开城门，赶到曹爽那里，劝爽利用天子名义至许昌，发动四方兵力来自卫，曹爽迟疑不决。从黄昏到五更，曹氏兄弟皆默然不从，曹爽还投刀于地说："我亦不失作富家翁！"桓范哭着说："曹子丹（爽父真字子丹）佳人，生汝兄弟，豚犊耳，何图今日坐汝等族灭也！"豚犊指小猪小牛，是桓范气得发急的骂人语。

桓范说的倒是应变之一策，因为这时天子还在曹爽那边，这对他是十分有利的，曹爽却只想"作富家翁"。他对政敌司马氏，真是有些迷信了。

最后，曹爽及其党羽何晏、李胜等统统以"大逆不道"罪被杀，灭了三族。

夏侯霸逃到了蜀国，"蜀朝问司马公如何德。霸曰：自当作家门"。（《三国志·钟会传》注引《世语》）即是说，他要取曹氏天下而为司马氏家门，从此也不再装病了。

曹爽在伊南时，昌陵侯蒋济曾写信给他，说是太傅之旨，不过免官罢了。及爽被杀，便进封蒋济为都乡侯，济上疏固辞，说这是"太傅奋独断之策"，他不敢开冒赏之风。这是饰词，真实的用意是因为失信于曹爽，不久发病而卒。在这样一场酷烈的政变中，讲究政治道德的人还是有的。孙盛就对他作了这样的评价："蒋济之辞邑，可谓不负心矣。语曰：'不为利回，不为义疚。'蒋济其有焉。"

诸葛亮挥泪斩马谡

马谡确是一个良才,诸葛亮南征,即用马谡之策而赦免孟获,安定南方。诸葛亮挥泪斩马谡,虽是公私两全,仍不免落入"用人不当"之讥。

斩马谡的故事,经演义和戏剧的传播,更加家喻户晓,似乎没有什么可说的,可是看了裴注及后人的评论,觉得还可做一回文抄公。

马谡确是一个良才,史称其"才器过人,好论军计",深为诸葛亮器重。诸葛亮南征时,即用马谡之策而赦孟获,使"南方不敢复反"。他被斩时[《三国志·马谡传》:"谡下狱物故。"]年三十九,裴注引《襄阳记》云:"谡临终与亮书曰:'明公视谡犹子,谡视明公犹父,愿深惟殛鲧兴禹之义,使平生之交不亏于此,谡虽死无恨于黄壤也。'于时十万之众为之垂涕。亮自临祭，待其遗孤若平生。"

这段记载，富有抒情色彩，大家都动了真感情，可作历史小品读。诸葛亮既坚持法纪，又顾念人情，公私之间，两两无负。因为街亭之败，究与偷生渎职者不同，马谡最后又甘心伏死，以生命谢三军、谢丞相。当时参军蒋琬犹不以斩谡为然，"天下未定而戮智计之士，岂不惜乎"。诸葛亮流涕曰："孙武所以能制胜于天下者，用法明也。是以杨干乱法，魏绛戮其仆。四海分裂，兵交方始，若复废法，何用讨贼邪！"能不能忠实于法纪，也是检验大臣品质的一大关键，却不能仅凭笔舌的高论以饷众。

习凿齿对武侯之斩谡，颇有非议，以为诸葛亮不重人才，杀有益之人。卢弼《三国志集解》引何焯曰："魏延、吴壹辈皆蜀之宿将，亮不用为先锋而违众用谡，其心已不乐矣。今谡败而不诛，则此辈必益哓哓，而后来者将有以借口，岂不惜一人而乱大事乎。凡亮之治蜀，所以能令人无异议者，徒以其守法严而用情公也。习氏之论，亦不达于当时之势矣。"武侯斩谡之挥泪而又临祭，正是"用情公"之一证，眼泪与心胸都是皭然而不滓，他何尝不知道马谡是一个人才呢。

《蜀志·向朗传》记"朗素与马谡善，谡逃亡，朗知情不举，亮恨之"。此事亦不确，谡果逃亡，本传中何以未载？就马谡的性格与人品看，尚不至此，何焯、周寿昌皆有辩驳。

其次，《马谡传》中还有这样的记载：刘备临终时，对诸葛亮说："马谡言过其实，不可大用，君其察之。"亮犹不谓然。后人对此事常有引用，《集解》引朱璘云：刘备病危时，于托孤之外，不闻品评一人，何以于马谡如此注意？诸葛亮之事刘备，极其谨慎，平日无一事任意而行。刘备果有是命，必详加审察，"何至竟云亮不以为然"？朱邦衡云："当日托孤，事势危迫，宿将如子龙，时望如陈震、董和，不闻一及。马谡是时名位卑微，亦未显有过失，先主何以预为叮咛？朱氏（璘）之辨甚是。"两论皆甚精当，必是因马谡败事被斩而附会上去的。

此外，戏剧演斩马谡前的空城计，有没有历史根据？

《诸葛亮传》引郭冲三事曰："亮屯于阳平……晋宣帝（司马懿）率二十万众拒亮，而与（魏）延军错道，径至前，当亮六十里所，侦候白宣帝说亮在城中兵少力弱。亮亦知宣帝垂至，已与相逼，欲前赴延军，相去又远，回迹反追，势不相及。将士失色，莫知其计。亮意气自若，敕军中皆卧旗息鼓，不得妄出庵幔，又令大开四城门，扫地却洒。宣帝常谓亮持重，而猥见势弱，疑其有伏兵，于是引军北趣山。明日食时，亮谓参佐拊手大笑曰：'司马懿必谓吾怯，将有强伏，循

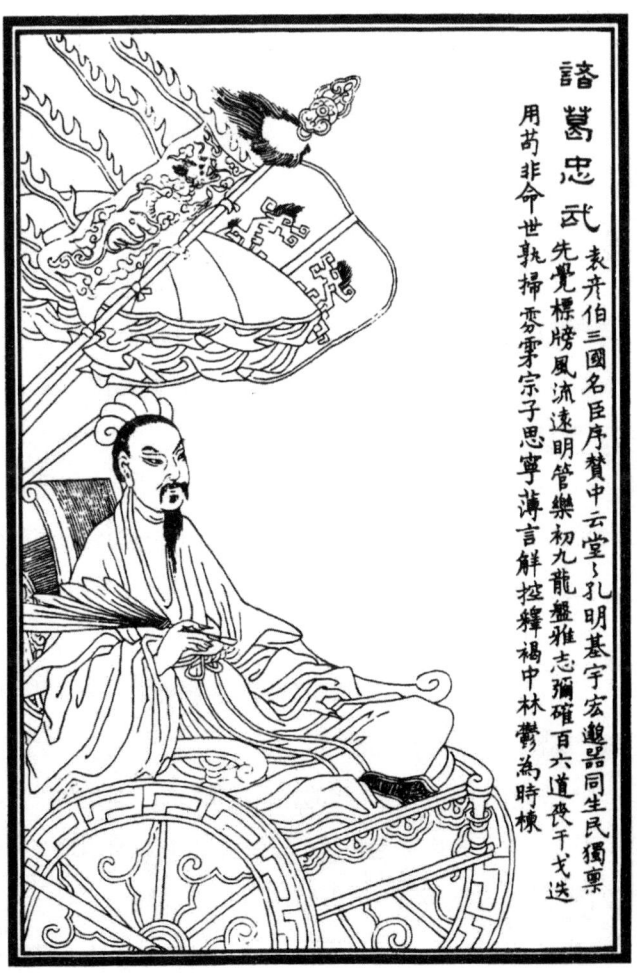

诸葛亮

山走矣。'候逻还白,如亮所言。宣帝后知,深以为恨。"

这不就是历史上的"空城计"吗?

但裴注接下来有"难曰"(诘驳):诸葛亮初屯阳平(在汉中,今陕西勉县西)时,司马懿尚为荆州都督,镇宛城,两人在关中交兵事,时间上不符合。再则司马懿既举二十万之众,明知诸葛亮兵少力弱,若疑其有伏兵,正可设防持重,何至就此退走。诸葛亮素来谨慎,魏延每随亮出,欲请精兵万人,与亮异道会于潼关,亮制而不许,魏延因而说亮胆怯。"亮尚不以延为万人别统,岂得如冲言,顿使将重兵在前,而以轻弱自守乎?且冲与扶风王(司马懿之子司马骏)言,显彰宣帝之短,对子毁父,理所不容,而云'扶风王慨然善冲之言',故知此书举引皆虚。"

我在年轻时看《空城计》,即有此感想:如果司马懿怕中伏兵,也可派几百名敢死队攻进城去,一探虚实,果真是一座空城,不就可以活捉诸葛亮了?

却不知道戏剧总是超常识的,越是精彩的,越是与理性逆反,否则,就不成其为戏剧了。人的生活中所以会出现戏剧化现象,就因为这种生活已经超越常情了。

《空城计》的编剧者,却能从裴注中挖掘素材,提炼情节,使谨慎的敢冒险,优势的怕冒险,两种不同的性格交错于一个矛盾的焦点上,构成了一出笔笔紧凑,一句话、一个动作都不浪费的智慧剧。正如吴小如先生说的"用一个人的失败来说明他的成功",却又不能用"坏事变成好事"来比附。

魏延无反骨

魏延曾建议诸葛亮取道险峻的子午谷，奇袭曹魏，可见他勇略过人。但他骄傲粗鲁、人缘太差，因此在关键时刻被诬谋反，惨遭灭门之祸。魏延固然偏激，但他的忠诚绝无问题，有问题的是他的脾气。

《三国演义》第五十三回，写孔明欲斩魏延，并有"吾观魏延脑后有反骨，久后必反"的话。第一百零五回，又写蜀汉吴太后重述孔明之言，后又写诸葛亮临终，遗一锦囊，已预知魏延必反，后世便以脑后有反骨比喻此人日后必将叛反。〔成都武侯祠内陪祀诸像，无魏延像，或亦受此种影响。〕《三国演义》是七实三虚的讲史小说，而陈寿《三国志》中的魏延，却看不出他有反意。

魏延曾随刘备入蜀，屡立战功。刘备为汉中王时，欲以重将镇守汉川,大家以为必任张飞,张飞自己也这样想,不想刘备却提拔魏延为汉中太守,一军尽惊。卢弼《三国志集解》引何焯曰:"拔延而益德不见怨望,非君臣相信之深,何以能此。"

魏延领兵,能善待士卒,自己又很勇猛,可是性格高傲,大家都畏避他,只有长史杨仪不买账,两人便成死对头。诸葛亮

孔明遗计斩魏延

颇赏识杨仪的才干，又要依靠魏延的骁勇，因而不忍偏废。

诸葛亮病重时，魏延在外督战，便密与杨仪、费祎、姜维等安排身后退军之计，欲令魏延断后［断后，勒兵在后，以断追兵］，若魏延不从命，军队便自动撤退。不久诸葛亮病逝，杨仪秘不发丧，并令费祎试探魏延意图，魏延曰："丞相虽亡，吾自见在。府亲官属（指长史以下）便可将丧还葬，吾自当率诸军击贼，云何以一人死废天下之事邪！且魏延何人，当为杨仪所部勒（约束），作断后将乎！"于是魏、杨皆上表说对方叛逆，一日之中，羽檄交至，因董允、蒋琬皆保仪而疑延，仪乃遣马岱将魏延追斩，灭其三族。

魏延的骄傲粗鲁是事实，演义写他踢灭七星灯，即写其人之鲁莽。魏延与杨仪争吵时，延竟举刃拟仪，因而两人仇恨更深，但说他有谋反之意，史家也认为非事实。魏延于诸葛亮死后一些偏激的言行，实是杨仪所激成，他之被杀，则出于杨仪私人的仇恨，魏延于蜀汉始终无二心。后来杨仪又妒忌蒋琬，怨愤形于声色，曾对费祎说："往者丞相亡没之际，吾若举军以就魏氏，处世宁当落度（失意）如此邪！令人追悔，不可复及。"其人品节，即可概见。后被废为民，又上书诽谤，朝廷收捕，遂自杀。

冒鹤亭先生《疚斋日记·读三国志蜀志》云："魏延之

反,亦冤辞也。其人过于自负,叹恨己才,用之不尽,故诸葛卒后,曰(延语上已引,此处略)。盖欲遣行者护丞相丧归,自留渭南,与司马决斗。其才不及诸葛则有之,其兴复汉室之心,与诸葛同也。而杨仪素与延不平,不欲下之,便引诸营相次还,延于是怒,先仪南归,烧绝栈道,使仪归不得。此则逞一朝之忿,而忘君国之大事矣。陈寿于延传末云:'原延意不北降魏而南还者,但欲除杀仪等。平日诸将素不同,冀时论必当以代亮。本指如此,不便就背叛。'斯为得之。蜀中人才本少,横加延以反名,长城自坏,仪之肉宁足食哉!"

知人论世,斯为得之。魏延有错,但无反骨,事去千载,言之慨然而又枉然。

刘备孙策托孤语

任何一个创业的雄主,都不会将基业拱手让人,刘备、孙策临终时托孤的表态,"君可取而代之"的慷慨,听来特别哀切、坦率,他们的真正用意,是欲使人效忠至死,绝无二心。

据《三国志·蜀志·诸葛亮传》:刘备临终时,曾向诸葛亮托孤说:"君才十倍曹丕,必能安国,终定大事。若嗣子可辅,辅之;如其不才,君可自取。"后人对此有两种思辨性的议论。《通鉴》胡三省云:"自古托孤之主,无如昭烈之明白洞达者。"《御批历代通鉴辑览》云:"昭烈于亮,平日以鱼水自喻,亮之忠贞,岂不深知,受遗时何至作此猜疑语?三国人情,以谲诈相尚,鄙哉!"裴注引孙盛曰:"备之命亮,乱孰甚焉。"王夫之《读通鉴论》亦以为这是刘备"乱命"。卢弱《三国志集解》引或曰:"以其不肖者败之,不若能者成之。昭烈睹嗣子之不肖,虑成业之倾败,发愤授贤,亦情之所出,何疑为伪乎?"这是驳孙盛之说的。

诸葛亮听了刘备的话含泪说:"臣敢竭股肱之力,效忠贞之节,继之以死。"这是史书上的话,他内心的真实反应如何,已不可知。就武侯平生而论,与其说是臣节上不会取后主而代之,不如说性格上不允许他这样做。

无独有偶,《吴志·张昭传》引《吴历》,记孙策临终时曾对长史张昭说"若仲谋不任事者,君便自取之"。这与刘备托孤的话如出一辙,几疑是三国君主授末命时的一种惯语。

周一良《魏晋南北朝史札记》,以为孙盛与王夫之的话,"此皆从儒家君臣伦理观点否定刘备之所言也。……三国纷争之时,统治者心中之主要目标,在于巩固地盘,进而争夺天下。刘备以此勉励诸葛亮,孙策托孤于张昭亦然"。又引桂馥《书蜀志诸葛亮传后》云:刘备"盖自叹大业未就,又无克家之嗣,与其拱手以让敌,何如使能者制敌而有之之为快?此真英雄志士之大略,非庸庸者所能窥测也"。又谓孙策之语:"与先主之意正自相同,其所以为创业之英主欤?"似嫌过情之誉,未能使人信服。

刘禅的庸暗无能,是刘备所深知的,他说这话,或尚有此

刘备托孤

用意。孙权却非庸主,曾有"生子当如孙仲谋"之称,十五岁已为阳羡长,后又从孙策破刘勋、讨黄祖。孙策卒时,权年十九,张昭、周瑜等皆谓权可与共成大业,故委心事之,其才能与刘禅大不相同。

孙策被刺客所中后,创痛很厉害,乃请张昭等前来,说"中国方乱,夫以吴越之众,三江之固,足以观成败,公等善相吾弟。呼权佩以印绶"。到了晚上，他就死了。即是说，他是相信孙权能继承父兄之业的。

孙权嗣位后，众议举张昭为丞相，孙权不同意，而改用顾雍。张昭若真要"自取"，又谈何容易？有一次，孙权与张昭争吵，权竟至拔刀而怒。所以，周寿昌说："昭之终不得为相者，正坐此数语耳。"终张昭之一生，始终为孙权嫉恨。因此，刘备、孙策临终时说的话，一是当时随口说的，并非出自本衷，二是如梁章钜所说："可见当日君臣，都以权术相尚，恐孔明、子布亦早应窃笑矣。"这就是把话的分量说得特别重，听上去特别哀切、坦率，从而使人效忠至死，绝无二心。

说到底，任何一个创业的雄主，都不会将基业拱手与人的。

关羽之谥

关羽骄矜刚烈,因此而自大轻敌,尝到败绩,死后谥曰"壮缪"。根据谥法:"武而不遂、死于原野曰壮;名与实乖曰缪。"可谓名副其实,后世把关羽神化,并认为"缪"与"穆"通,是一种关谥,这完全是曲解。

蜀汉臣子之谥,刘备时只有法正一人,谥翼侯。刘禅时,诸葛亮、蒋琬、费祎皆有谥。关羽则追谥"壮缪",缪非美谥,因而引起后人纷纷议论,有的感到奇怪,蜀汉何以给他这个谥法?有的以为缪与穆通,穆为美谥。这是因为后人已把关羽偶像化了,已被尊为关帝关圣了,觉得这样的谥法不应用在关羽身上,也有些抱不平的意思。

孙承泽《春明梦余录》卷二十二云:"公于后主景耀三年追谥壮缪侯。宋徽宗崇宁元年,追封忠直公。大观二年,加封武安王。宣和二年，又封义勇武安王。高宗建炎二年，加封壮缪武安王。淳熙十四年，加封为英济王。敕曰：'生立大节，与天地而并传，殁为明神，并古今而不朽。可特封壮缪义勇武安王。'本朝万历四十二年秋，奉旨晋封三界伏魔大帝、神威远震天尊、关圣大帝真君。"

这里可以看出，对关羽封号的升格，始于北宋末期，但壮缪之谥仍未更改，徽宗虽崇道教，但尚未将关羽染上道教色彩，至万历时则成为道教人物。但在南朝时，关羽又已成为佛教的伽蓝神，所以有些关羽塑像，就很像伽蓝神。其实如真的出于尊敬，则以伏魔大帝、天尊、伽蓝神等封云长，恰巧倒是亵渎，如孔子所谓怪力乱神。云长的生平大节，恐还是始终忠于故主的国士之风。

清人用兵，颇得力于《三国演义》，尤崇拜关羽，玉泉显灵之说，明清士大夫亦所乐道。王氏《东华录》乾隆四十七年十一月上谕云："关帝当时力扶炎汉，志节凛然，乃史臣所谥，并非佳名，陈寿又于蜀汉有嫌，所撰《三国志》，多有私见，遂亦不为论定，岂得为公？从前世祖章皇帝曾经降旨，封为忠义神武大帝，以褒扬盛烈。朕复于乾隆三十二年降旨加灵佑二字，用示尊崇。夫以神之义烈忠诚，海内咸知礼也，而正史犹存旧谥，阴寓讥评，非所以传信万世。今当钞录《四库全

关壮缪

书》，不可相沿旧习，所有志中关帝之谥，应改为忠义。第本传相沿日久，民间所行必广，自属难于更易，着交武英殿将此旨刊载卷末，用垂久远。其官版及内府陈设书籍，并着改刊此旨，一体增入。钦此。"

易代改谥，本亦寻常，有的由美谥改为丑谥（如秦桧），但已著录在正史上的原谥，怎么能够擅改？这其实是乾隆君臣的无知妄作，如同暴发户的增饰古玩。其次，将前代一个武臣称之为"大帝"，这主意如果出于普通文士而又在文纲森严之际，岂不又会大祸临门？关羽身后，也不知何以有此运气，竟成儒释道三门争附之红神，难怪舞台上要用红生来饰演了。

关羽为人，刚愎傲慢，陆逊就对吕蒙说："羽矜其骄气，陵轹于人。始有大功，意骄志逸，耽务北进，未嫌于我。有相闻病，必益无备。今出其不意，自可擒制。"这时正值吕蒙患病，便由陆逊致书于羽，以激关羽抗曹，书中盛称羽之武业，自己却极为谦卑，末云："仆书生疏迟，忝所不堪，喜邻威德，乐自倾尽，虽未合策，犹可怀也。倘明注仰，有以察之。"（《三国志·吴志·陆逊传》）这时陆逊尚未著名，羽览书后，就无所疑忌。卢弼《三国志集解》曰："句句是推奖以骄之，卑屈以玩之。"又曰："吕蒙、陆逊皆以术谲羽，而骄矜之武夫，遂堕其术中矣。惜哉！"于是中计被杀（擒关羽者为潘璋部下司马马忠）。

王夫之《读通鉴论》卷九，曾严词责备关羽："吴蜀之好不终，关羽以死，荆州以失，曹操以乘二国之离，无忌而急于篡，关羽安能逃其责哉？"又曰："关羽，可用之材也，失其可用而卒至于败亡，昭烈之骄之也，私之也，非将将之道也。"所谓"私之也"，即指旧时"同起之恩私"。

关羽轻敌败绩的经历及其性行的骄矜刚烈，蜀中诸臣自然知道，《三国志》也称为虎臣、国士。谥法：武而不遂、死于原野曰壮，名与实乖曰缪，所以谥为壮缪，还是恰当的。穆是美谥，而缪非美谥。古籍中的缪字也通穆，谥法则不可通。如果用宋以来对待关羽的那种着魔似的态度而评其谥，那当然是委屈了。

关羽的神化之路

> 关羽没有写过什么文字,明末清初的大学者钱谦益却编出《汉寿亭侯关公全集》,冒辟疆与董小宛走避兵祸时,也屡求关羽护佑。随着历史的演变、政治意识形态的介入,关羽摇身一变,神力无边。

中国历史上有一个十分奇特的人物:他对历史并没有什么贡献,也没有留下什么诗文,但他受到后人的崇拜,却是任何人都无法比拟的。他受到的称号全衔共二十六个字:"忠义神武灵佑仁勇威显护国保民精诚绥靖翊赞宣德关圣帝君",比历史上的任何帝皇都多,只有入关前的清太祖努尔哈赤才比他多一个字。为什么后人对他的崇拜这样热狂?谁也说不清楚。这人就是关羽。

四海之内,佛寺之外,供奉历代文臣武将的祠庙,最多的莫过于关庙。后世常以关岳并称，关只效忠一姓，岳则抗御异族；关作战阵亡，亦因其骄傲刚愎之故，岳则含冤而死。岳之事迹固高出于关，而岳庙却不如关庙之多。以蜀汉而论，诸葛亮的功绩远胜于关羽，而丞相祠堂更不如关帝庙之多。徐渭《蜀汉关侯祠记》有云：关侯之神与孔子之道并行于天下，然祀孔子者止郡县而已，关庙则上自都城，下至墟落，虽烟火数家，亦靡不醵金构祠，妇女儿童，亦踊跃趋拜。

杜甫《奉寄章十侍御》有"湘西不得归关羽"句，犹直呼其名，宋人注云"此人所讳者"，可见唐人对关羽并不尊敬，李白到过关羽军威所播的荆襄等地区，就没有咏关羽的诗。刘禹锡有《汉寿城春望》七律，题下注云"古荆州刺史治亭，其下有子胥庙兼楚王故坟"，也没有涉及关羽。

关羽以勇武著称，但后人常将关张并提，如李商隐《筹笔驿》的"关张无命欲何如"，崔道融《过隆中》的"可怜蜀国关张后"。郎士元《关羽祠送荆员外还荆州》，也是直呼其名，诗云："将军禀天姿，义勇冠今昔。走马百战场，一剑万人敌。"称为将军，倒是最符合关羽原来身份。郎诗当作于鄂州（今湖北钟祥），也说明德宗时湖北已有关祠。周瑜曾密疏孙权曰："刘备以枭雄之姿，而有关羽、张飞熊虎之将。"这是同时代人的关、张并称。

关羽的神化，当是始于宋代，王世贞《龙子求画关将军四事图》云："宋政和中，解州解池盐至期而败，课辍不登，帝召虚静张真人询之，曰：'此蚩尤神暴也。'帝曰：'谁能胜之？'曰：'臣以委直日关帅可也。'已而池平若镜，盐复课矣，乃拜崇宁真君。"

在这之前，对关羽自必已有种种神怪的传说，否则，张真人为什么会想到"关帅"？徽宗又是虔诚的道教徒，于是而有"崇宁真君"之号，道教符箓便称为馘魔上将。到了元代，又封为显灵义勇武安英济王，关汉卿本人恰巧也姓关，他的《关大王独赴单刀会》的杂剧，对当时处于元人铁蹄下的汉族人民自必激起浩荡的波澜，而《三国演义》的原始作者罗贯中也是生活在元代。戏剧小说的传布，固然能够深入民间，道教势力的推动也是一个重要因素，换言之，关羽是道教人物而非佛教或儒家人物，《三国演义》便是富于道教色彩，《水浒传》也是如此，王世贞所谓"迹故主于一锥莫立之地"，尤易为丧乱之际的人民所推心。

旧时演关戏，报名时因避讳而自称关某，甚至有自称关公的，就像草台班演包拯戏自称"臣包老爷见驾"一样。演《走麦城》时，剧场还用大铜炉烧檀香、焚纸马，电灯套上绿纸，使场子阴森森的，空气神秘紧张，仿佛丧家在开吊。清代一度禁演关戏，最荒唐的是，乾隆时竟将关羽的原谥"壮缪"，在殿版《三国志》中改为忠义侯。"缪"通"穆"，武功不成曰穆（岳飞谥武穆，原意也是为此），原非美谥。易代改谥，原无不可，但怎么可以将书中的原谥妄改呢？

清人在关外的祖先，因熟读《三国演义》而得用兵之妙，故对关羽尤为崇拜，可是《说岳传》却在禁毁之列，因为清人原为女真系统，在关外时一度自称"后金"，岳飞力主抗金，因而犯忌。

关羽爱读《左传》，却不喜士大夫，而士大夫却竞相谀颂夸饰，例如他的生年，正史上未载，至今尚不知道他被袭杀时是几岁，但袁中道《珂雪斋集》卷六，有题为《五月十三日玉泉道中此日为关公诞日》的诗，居然连他的生日也知道了。钱谦益还编刻过《汉寿亭侯关公全集》，关羽何曾写过什么文字？据钱氏说，因"辛丑盗役之来，突遭焚如，赖关公之灵佑，得以不死"，于是觉得"辛丑八十以还之年，皆非大帝所赐乎，此不肖发愿厘正大帝集，以仰答神庥者所以不容一日缓"。（《致周亮工书》）牧斋原不失为通儒，这件事似欲与三家村学究、玄妙观老道争胜，实在令人骇怪。冒辟疆在与董小宛避兵祸时，也屡求关羽护佑，皆见关帝的魔力足以惑通儒名士。

钱、冒皆曾得一代红颜,使我想起关羽也有一件夺艳疑案:《三国志·关羽传》的裴注中,记曹操与刘备围吕布于下邳时,"关羽启公(指曹操),布使(者)秦宜禄行求救,乞娶其妻,公许之。临破,又屡启于公,公疑其有异色,先遣迎看,因自留,羽心不自安"。("不自安"是否妒忌拈酸之意?)

这段注文写得很含糊,好像关羽要乞娶的是吕布之妻,胡应麟《庄岳委谈》即有此误会。实则为秦宜禄之妻杜氏,《魏志》有生沛穆王曹林的杜夫人,或即其人。

此事颇出后人意外,似乎英雄必爱美人,因而有关羽好色之说。近读晋常璩《华阳国志·刘先主志》,中有云:"初,羽随先主从公围吕布于濮阳。时秦宜禄为布求救于张杨(字稚叔,河内太守),羽启公:'妻无子,下城,乞纳宜禄妻。'公许之。"意思是明白了,关羽欲纳娶的是秦宜禄之妻,但"妻无子"三字却很费解,如按照字面理解:关羽因为自己之妻未生儿子,所以想纳杜氏生子。

但关羽传中明明记载有两个儿子,一为关平,和关羽同时被孙吴所杀,一为关兴,关羽死后袭爵,深为诸葛亮器重,怎么说是"妻无子"呢?也不可能理解为围吕布时关妻尚未生子。赵一清曾说:"此裴世期(松之)所谓底下(低下)之书,何足据乎?孟德自取其妻,乃欲以之诬污贤者哉?"(引自卢弼《三国志集解》)这推测也有道理,再就关羽平生和性格观察,也不大符合。

关羽是武臣,其时又当天下大乱,他要纳异色,事亦寻常,只是本来不是他干的事,却不能算在他名上。

《吕布传》引《英雄记》云:"布被擒时,对曹操说:'布待诸将厚也,诸将临急皆叛布耳。'太祖曰:'卿背妻,爱诸将妇,何以为厚?'布默然。"所以吕布妻深怨吕布,曾有"妾昔在长安,已为将军所弃"之语。吕布好色,原在意料之中,关羽夺艳,或尚属疑案。

羊陆之交

西晋名将羊祜是蔡邕的外孙,东吴都督陆抗是陆逊之子。羊祜与陆抗在经年累月的军事对峙中,发展出一段真挚的交谊,蔚为千古佳话,其可贵之处,在于两人并未因私谊而损及个人的谋国之忠。

羊祜是西晋名将、蔡邕外孙,缓带轻裘,有功不伐,颇有儒将风度。他镇荆州时,晋武帝已有灭吴之志。祜与吴人交战,不为掩袭之计。军行吴境,刈谷为粮,皆计所侵,送绢偿之,吴人称为羊公而不名。

当时吴之都督为陆逊之子陆抗,镇乐乡〔乐乡在今湖北松滋境内,城为陆抗所筑,后王濬攻之。《水经注》卷三十四江水注:江津戍南对马头岸,"昔陆抗屯此与羊祜相对,大宏信义,谈者以为华元、子反复见于今矣"。华元,宋将。子反,楚将。事见《左传》及《公羊传》宣公十五年],盛称祜之德量。抗赠祜酒,祜饮之不疑。抗有疾,求药于祜,祜以成合与之,曰:"此上药也,近始自作,未及服,以君疾急,故相致。"陆抗得而服之,有人向抗劝谏,抗曰:"羊祜岂鸩人者!"时人以春秋时华元、子反重见于今日。此据《三国志·陆抗传》裴注,也写得戏剧化:《春秋》之义,大夫无私交,故《汉晋春秋》曰:"或以祜、抗为失臣节,两讥之。"

清高宗《御批历代通鉴辑览》云:"羊祜刈谷偿绢,送还猎兽,特用是愚弄边界之人,岂真所云修德信者,甚至遗酒馈药,使命颇通,不唯身犯外交,直废弃军律矣。论者率以此事为贤,故不可以不辨。"[钱大昕《廿二史札记》中有些议论,也有与"御批"相似,钱氏曾入翰林院,预修《通鉴辑览》,故所谓"御批",实是史臣所为。]"御批"的用意,或许是防止清朝的将帅效法羊陆,但断章取义,觉得也有他的卓识灼见。羊陆在军事对抗时期这段交谊,一向被人们看做佳话美谈,这也未尝不可。因为双方并未因私人交谊而损害大臣谋国之忠,但如果有人于佳话美谈之外,提出另一种意见,而这意见又非为了哗众,对于我们喜欢杂览的人,总是愉快的事。

羊祜的伐吴之志,始终非常坚定。武帝咸宁时,朝廷征益州刺史王濬为大司农,祜特上表留濬监督益州诸军事,并密令

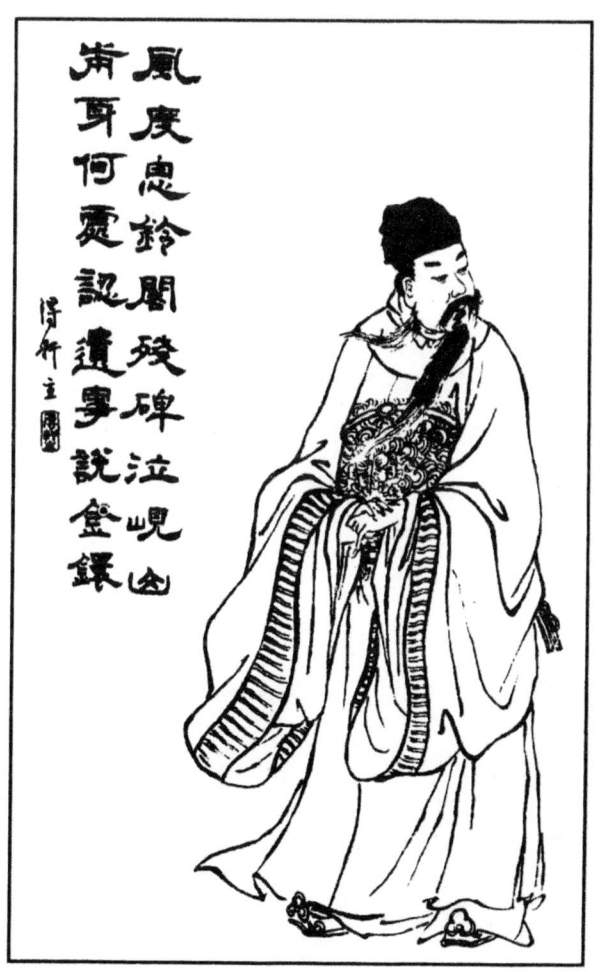

羊祜

修整船只，即为日后顺流平吴之计。但羊祜未及见吴之平，病重时，举杜预代他。祜卒二年而吴平，群臣向武帝庆贺，武帝说"此羊太傅之功也"。

陆抗比羊祜先卒，他已料到吴之必亡，因为孙皓实在太荒唐。陆抗卒后，其子晏、景、玄、机、云分领抗兵，乾隆《御批历代通鉴辑览》云："善属文而无临敌之才，乃命分将父兵，国之不恤，又岂所以恤抗乎？代斫伤手，莫甚于此。"语亦冷隽可取。

总之，羊陆之交，只能称美于一时，可遇而不可求，而不能为万世法。

陆机与周处

《世说新语》记载周处除三害,拜陆云为师而改过自新。说周处入水中击蛟,历经三天三夜,终于杀蛟而归,这些描述夸大不实;周处比陆云大二十六岁,更是不可能相交,后世诸多故事都是穿凿附会而来。

陆机、陆云是孙吴名将陆逊之孙,陆抗之子。吴亡,入洛阳。《世说新语·方正》记卢志于众人前向陆机说:"陆逊、陆抗,是君何物?"答曰:"如卿于卢毓、卢诞。"士龙(陆云字)失色。既出户,谓兄曰:"何至如此,彼容不相知也。"士衡(陆机字)正色曰:"我父祖名播海内,宁有不知?鬼子敢尔!"

叶梦得《避暑录话》:晋史以为议者以此定二陆优劣,所以不将此事记于《陆云传》而记于《陆机传》,就是认为机优于云。叶氏自己却以为机不及云:"人斥其祖父名固非是,吾能少忍,未必为不孝,而亦从而斥之,是一言之间,志在报复,而自忘其过,尚能置大恩怨乎?"

余嘉锡《世说新语笺疏》按语云:"晋、六朝人极重避讳,卢志面斥士衡祖父之名,是为无礼。此虽生今之世,亦所不许,揆以当时人情,更不容忍受,故谢安以士衡为优。"余氏笺疏,常多隽语。卢志这样问陆机,无异当众侮辱,陆机自然无法忍受,倒不是孝与不孝问题。如果有人也这样问叶梦

周处退晋兵

得,他能忍受吗?下面的"一言之间"以至说到二陆后来被祸事,更是大言欺人,甚至有乐祸之意,未免示人以刻薄。

《世说新语·自新》又记周处除"三横"故事:后来周处自吴寻二陆,陆机不在,乃见陆云说:"欲自修改,而年已蹉跎,终无所成。"陆云殷勤慰勉,处遂改过自新。《晋书·周处传》当即据此采录。《笺疏》引劳格《读书杂识》:周处弱冠之年,陆机还未出生,怎能入吴寻二陆?不但如此,《世说》文中说:"又入水击蛟,蛟或浮或没,行数十里,处与之俱。经三日三夜,乡里皆谓已死,更相庆,竟杀蛟而出。"蛟本来是传说中的动物,常与龙联称,假定它是鳄鱼之类,那么,周处在水中三日三夜而无恙,也是难以相信的。

紧接周处故事之后,又记戴渊年轻时游侠放荡,曾攻略江淮商旅,后也经陆机教诲而投剑归机。两事有相类似处,周处与陆云事,颇疑由此附会上去。

近人汪荣祖《史传通说·晋代之书第十二》云:陆机撰《晋平西将军孝侯周处碑》:"不录处刺虎杀蛟除三害事,但谓:'君乃早孤,不弘礼制,年未弱冠,膂力绝于天下,妙气挺于人间。……乡曲诬其害名,改节播其声誉。'词合而理致。故知机能辨伪存真。入水击蛟,沉浮十里,三日后生还,虽'有人信以为真',并非'真真',士衡辨之稽矣。"但这碑文，根本是后人托名伪作，并非陆机所撰。

严可均《全上古三代秦汉三国六朝文》，于全晋文陆机名下未收此文，于阙名名下有此碑，严氏注云："案，碑在宜兴孝侯庙，题陆机撰，王羲之书，唐元和六年义兴县令陈从谏重树。据文有太兴二年语，明非陆机撰。反复观之，其骈俪对偶当属旧文，余则唐人以新修《晋书》及他说添补。"这是严氏谨慎处。

顾炎武《金石文字记》卷四，举出好些例证，定为唐人伪作，如周处是作战而死，碑却云"旧疾增加，奄捐馆舍"，"世"字"虎"字皆避唐讳，"士衡、逸少，皆不同时，而晋以前碑亦未有署某人书者；其文对偶平仄，全是唐人，可定其为伪作也。书梁王肜作'彤'，尤误"。

陆侃如《中古文学系年》说："处与二陆关系密切，机撰碑是可能的，不过究有多少是机原文却不可考。"

按：周处大于陆机二十六岁，陆氏说的关系密切，当是指《世说》及《晋书》所记事，现在经考证，周、陆相交一事既不可能，则撰碑事也是后人附会而成。《丛书集成》据小万卷楼本排印的《陆士衡集》，第十卷有《平西将军孝侯周处碑》，也是后人羼入的。

陶渊明的"肉麻"赋

一向淡泊明志、宁静致远的陶渊明,却写了一篇肉麻兮兮的《闲情赋》,他全力刻画一个女子的万种风情,用十个愿望来表达对她的款款深情。归隐山林的陶渊明,为什么笔下如此摇曳生色?

描写女性美的诗文,在先秦的《诗经》里就已开始,著名的有《卫风·硕人》,方玉润《诗经原始》评第二章"巧笑倩兮,美目盼兮"云:"千古颂美人者无出此二语,绝唱也。"曹植《洛神赋》的"明眸善睐,靥辅承权",即胎息于此。权是双颊,意思是笑起来双颊漾着酒窝,《长恨歌》的"回眸一笑百媚生",也是以眸与笑映衬女子的娇媚,即是说,眼神之外还要有笑窝。

陶渊明是一个高风亮节的田园诗人,诗风也以冲淡著称。

他曾经写过《咏荆轲》那种金刚怒目式的诗，后人已多议论。诗之外，又写过几篇赋，也和他的本色符合，可是其中那篇《闲情赋》，后人议论颇为歧异，因为陶集中从无描摹男女恋情的诗，这篇赋却写得很缠绵又很大胆。出于宫体文人，毫不为怪，出于陶公，几乎使人疑心是伪作。

梁启超《陶渊明之文艺及其品格》说："熨帖深刻，恐古今言情的艳句，也很少比得上。"后人因此毁誉不一。昭明太子萧统对渊明极为钦重，对此赋却有所指责："白璧微瑕，唯在《闲情》一赋。扬雄所谓劝百而讽一者，卒无讽谏，何足摇其笔端。惜哉，无是可也。"苏轼却不同意萧说，讥为"此乃小儿强作解事者"（《东坡题跋》卷二）。按照苏轼的性格和审美趣味，他之不赞成萧统的批评，原亦意料中事，但萧评是否一无是处，尚待斟酌。

先要明确的《闲情赋》之闲，并非闲情逸致之闲。这闲为防闲之闲，"大德不逾闲"之闲。"定情"一词，现代都作为男女以信物而定盟解，但原意却是镇定、克制。《闲情赋》前有小序："初，张衡作《定情赋》，蔡邕作《静情赋》，检逸辞而宗澹泊，始则荡以思虑，而终归闲正。将以抑流宕之邪心，谅有助于讽谏。"陈琳、阮瑀各有《止欲赋》，王粲有《闲邪赋》，寓意都相同，所以陶序说"奕代继作"。

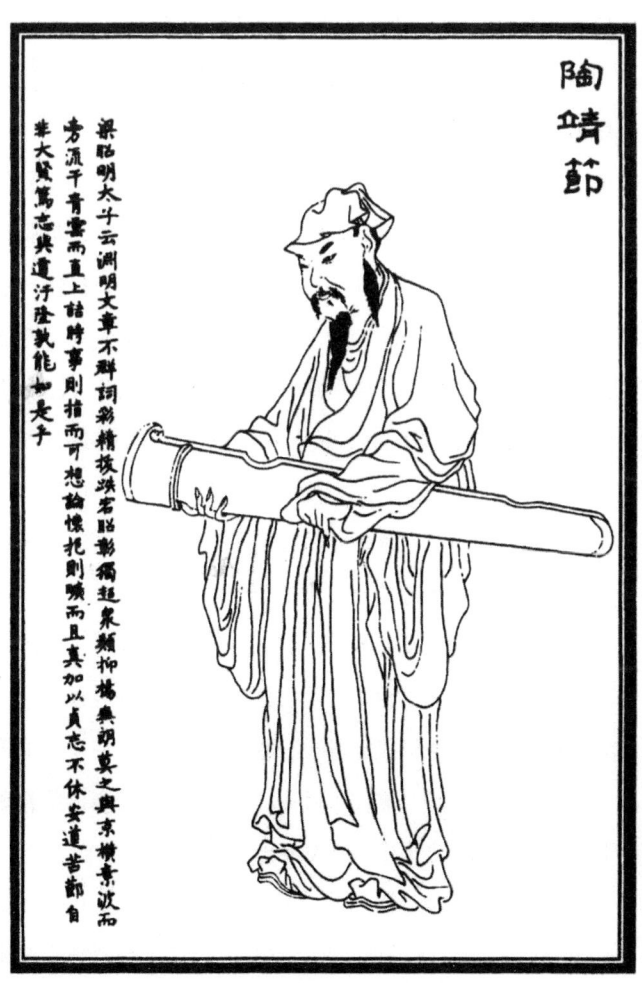

陶渊明,世称靖节先生

按照陶序的说法,他作赋的动机为了抑制邪心,有助讽谏,也就是警世了。

《闲情赋》的故事是这样的:

他遇见一个举世无比、艳色倾城的美女。她的情操淡泊,志趣高尚,却为迟暮易至、人生长苦而悲伤。她揭帷而坐,弹瑟自娱,她从纤指中送出了余音,捋着缤纷的衣袖,露出了皓臂,"瞬美目以流眄,含言笑而不分"。他想主动和她结誓,又恐冒失得罪,他想等凤鸟到来为他通辞,又恐别人已经捷足,因而惶惑不安,神魂颠倒,接下来有这样一段内心独白:

愿在衣而为领,承华首之余芳;悲罗襟之宵离,怨秋夜之未央。愿在裳而为带,束窈窕之纤身;嗟温凉之异气,或脱故而服新。愿在发而为泽,刷玄鬓于颓肩(柔肩);悲佳人之屡沐,从白水以枯煎。愿在眉而为黛,随瞻视以闲扬;悲脂粉之尚鲜,或取毁于华妆。愿在莞而为席,安弱体于三秋;悲文茵之代御,方经年而见求。愿在丝而为履,附素足以周旋;悲行止之有节,空委弃于床前。

一共举了十愿,这里举六愿,这六愿已经接触到她的肉体部分,连她睡的席子、系的鞋带,他都甘心以化身来承当,实在近于亵渎了。

这种手法，陶渊明之前的张衡、蔡邕、王粲也用过，但没有陶渊明那样细致、淋漓而密集。每一愿的下两句，都为自己被遗弃而悲哀，最后是失败了。他的创作动机为了防闲邪欲，这一点我们也可相信。结末说："尤《蔓草》之为会，诵《召南》之余歌。"《蔓草》和《召南》用《诗经》典故，意思是他痛恶男女的私会，而爱诵《召南》的讽刺无礼私会之诗，但《闲情赋》中形象本身的饱满的活力，却把创作动机架空了，因而"尤《蔓草》"这两句反显得头巾气了。白居易之作《长恨歌》，据《长恨歌传》说，是为了"惩尤物，窒乱阶"，但读了全诗，反而对"乱阶"的杨贵妃有更多的同情和怜悯，谁还忍心憎恨呢？

钱锺书《管锥编》第四册有一段很精辟的评论："昭明何尝不识赋题之意？唯识题意，故言作者之宗旨非即作品之成效。其谓'卒无"讽谏"'，正对陶潜自称'有助讽谏'而发，其引扬雄语，正谓题之意为'闲情'，而赋之用不免于'闲情'，旨欲'讽'而效反'劝'耳。流宕之词，穷态极妍，澹泊之宗，形绌气短，诤谏不敌摇惑，以此检逸归正，如朽索之驭六马，弥年疾疢而销以一丸也。"这是说得很公道的。

钱氏在《货殖列传》的论评中也说:"初无倡之心,却每有倡之效;传失其正,趣倍其宗,变出无妄,事乖本愿,世法多然,文词尤甚。故作赋以讽,或不免劝,树义为药,乃还成病。"所以,萧统的"白璧微瑕"的话,对陶公这样的高士是很有分寸的,他其实是揭示了这样一个问题:作品的艺术效果不一定能够符合作家的主观愿望。两者常相矛盾,原不止此赋为然。

然而作为一篇美文看,我们又得承认,陶赋在表现方法上是成功的,他不是只从正面来刻画这个女子的风情姿色,而是用十愿来表达对她的深情。这个女子如果没有特殊的魅力,怎么会使他如此狂热地倾倒,愿意做她席上之莞、鞋上之丝?这同时又说明美与女人的自然性,一写到女人,就会唤起美感,以陶公的澹泊宁静尚且如此。

这篇《闲情赋》固是虚构,却有其现实基础。魏晋以来,男女的社交更活跃了,常常越过了"闲"。陶渊明曾经进入过官场,虽然志在归隐,但不可能不和社会现实接触,他一方面看到许多使他痛恨的淫行邪风,一方面又看到一些美女。

他知道美色会使人迷惑,会使人"思宵梦以从之,神飘摇而不安",因而必须自我克制。归隐之后,乘着"园间多暇",看了前人诗文,便想撰文"觉迷",这时现实生活中美女的影子,便在他潜意识中浮荡起来,再加上想象与夸张,一个"神仪妩媚,举止详妍(高雅美丽),激清音以感余,愿接膝以交言"的富有魅力的美女,便摇曳于他笔下了。

嵇康论管蔡

嵇康对于全身远祸、宁心绝虑之道,想得十分周到,真像个不食人间烟火、不与世事的仙人。然而,在那个非黑即白、不作政治表态即有危险的氛围下,嵇康的悲剧性格注定让他走上绝路,《广陵散》还是要绝响的。

管叔、蔡叔、霍叔和周公,都是武王兄弟。武王灭殷后,封纣之子武庚为诸侯,分商地为三部,命三叔各据一部监视。武王逝世,其子成王继位,却由周公摄王位,代行国政。成王和大臣召公等对周公颇有疑忌,三叔也说周公将不利于成王,武庚便与管蔡反叛。周公亲自东征,杀武庚与管叔,流放蔡叔。

后人对此颇有议论,因为当时成王年幼,周公居中主政,有些擅专之处也是可能的。其次,殷代诸帝中,"兄终弟及"的很多,而周初王位继承法尚未确立,也容易启人疑心,以为周公将仿殷人之制，但如以传弟而论，则武王为老二，管叔为老三，周公为老四，也应由管叔继承，管叔可能怀疑周公排挤他而自取。苏轼《和陶归园田居》之一曾有"周公与管蔡，恨不茅三间"语，也是意味深长的。

梁武祠石刻中的周公与周成王（左二、左三）

但这些只是后人的揣测，自从儒学高举，周、孔并尊以来，却都众口一词，谴责管、蔡是叛乱，他们之被周公讨伐是完全应该，也是咎由自取。

嵇康于是写了一篇《管蔡论》，借问答体说"管、蔡皆服教殉义，忠诚自然"，所以先受文王的重视，后为武王、周公予以重任而监视殷顽，这并非从骨肉私情出发，而是为了"崇德礼贤，济殷弊民，绥辅武庚，以兴顽俗，功业有绩。故旷世不废，名冠当时，列为藩臣"。

那么，管、蔡为什么要反抗呢？嵇康以为"管、蔡服教，不达圣权，卒遇大变，不能自通，忠于乃心，思在王室，遂乃抗言率众，欲除国患，翼存天子，甘心毁旦（指周公），斯乃愚诚愤发，所以徼祸也"。意思是管、蔡只知道忠实于原来的君臣之义，不理解周公摄政是出于圣人权宜变通之计，他们为了效忠王室，于是抗言率众，不惜毁谤周公令誉，因而遭祸，故虽愚而实诚。周公也是隐忍（忍痛）授刑，流涕行诛。欲行赏罚，只得不避亲戚；欲施戮挞，必须加以罪名。尽管二叔怀忠抱诚，总之还是由于为罪受诛。后人不察，便以管、蔡为恶。

接着，他又提出了很有"逻辑性"的论点："不知管、蔡之恶，乃所以令三圣（文王、武王、周公）为不明也；若三圣未为不明，则圣不佑恶（而）任顽凶也。顽凶不容于明世，则管、蔡无取私于父兄，而见任必以忠良，则二叔故为淑善矣。"意思是，文武周公之为大圣人，这是无可怀疑的，大圣人绝不会任用邪恶顽凶之人，因此，如果以管、蔡为恶人，岂非将三圣看做不明善恶的人了？末段又说："且周公居摄，召奭不悦，推此言之，则管、蔡怀疑，未为不贤。"然而管、蔡既忠而贤，周公又是大圣人，又如何解释以圣戮贤这一十分尖锐的矛盾呢？嵇康便反复强调这是由于周公之从"权"：当初的摄政，固然是从权，后来之讨管、蔡,因为"所惑者广"(影响太坏),也是不得不诛,也是从权。只有这样理解,周公的苦心,管、蔡的遭祸,才能"释然而大解"。

这是一篇很奇特的政论性文章。将管、蔡之叛,归因于"服教不达圣权",这很难使人信服,嵇康说的是否全是真话?

《嵇康集》中的文章,一种是克制性的,如《养生论》《家诫》等,后者就像一个深于世故、谨小慎微的老冬烘教诫子弟,有些地方看了令人发笑,如说对长吏只要尊敬就够,不可太亲密;如有多人一同走,不要走在后面,也不要去宿夜,因为长吏喜问外面的事情;如果有人"发举",怨者就要说你说的,怎样也辩白不了。末了说,不要离娄强劝人喝酒,人家来劝你喝酒,也不要拒绝,有点儿醉意就停止,不要烂醉得不能自制。这哪里像性高气傲的嵇中散呢?

还有一种是发泄性的,如《与山巨源绝交书》和《管蔡论》。他在《释私论》中,也说"周旦不顾嫌而隐行,故假摄而化隆",似乎也在推崇周公,但在《绝交书》中,却说"又每非汤武而薄周孔",我们从《嵇康集》来看,却看不出有什么明显的"非"与"薄"的论调,实则这样的文章就是在非薄了。

这里再对《管蔡论》这篇文章的写作动机做个探索。

嵇康夫人是曹操孙子谯王曹林之女,于曹魏自有特殊的感情，司马氏一再想笼络她，都为她所拒。魏高贵乡公曹髦正元二年，毌丘俭、文钦在淮南起兵讨司马氏，未遂被杀。《魏志·王粲传》引《世语》：嵇康欲起兵响应，为山涛阻止。这事未必可靠，却说明后人已看出他对司马氏的态度。过了五年，曹髦被司马昭所杀。次年，乃作《与山巨源绝交书》，更明白地表达了他对司马氏的态度，否则，何必这样盛气凌人？这篇《管蔡论》，当作于毌丘俭起兵失败之后。周公摄政和司马专权，管、蔡之叛和淮南起兵，其事正有仿佛处。俞正燮《癸巳存稿》卷七说："其时王肃、皇甫谧之徒，诬造汤武周孔之言，康谓篡逆之事，以圣贤为口实，心每非薄之。若出仕在人间，不自晦止，必身显见此事，非毁抵突，新代所不能容。师与昭以为康深见其隐衷，而预知不容，是必为难者，故恶之。"可谓鞭辟入里。王莽、曹操以至明初的燕王朱棣，皆以周公自居。曹丕篡位时，还说过"舜禹之事，吾知之矣"的话。

魏景元四年，嵇康即因吕安案受牵连而被杀，这只是一个由头。吕安是被诬陷的，嵇康并非此案主角，为了仗义而挺身前去作证。他在狱中时，还以为自己不会死，故《幽愤诗》结尾有"徵难思复，心焉内疚。庶勖将来，无馨无臭。采薇山阿，散发岩岫。永啸长吟，颐性养寿"语。但钟会却乘机进谗，把嵇康比做少正卯。这里有他自己的私愤，也有深中司马昭心意之处。

嵇侍中尽忠死节

嵇康临刑时，太学生三千人请以为师，未被允许，这也见得嵇康在当时的声望。司马昭后来有悔意，也许感到杀嵇康那样的文士，对他的执政未必有利。

读了嵇中散的《养生论》与《家诫》，觉得他对全身远祸、宁心绝虑之道，想得实在周到，什么地方都考虑到了，真像个不食烟火、不与世事的仙人那样，然而嵇康的性格却是悲剧的性格，《广陵散》还是要绝响的。

嵇康阮籍的至交

山涛的夫人,感觉她的丈夫与嵇康、阮籍"异于常交",有一次,她隔着墙偷窥他们三人的竟夜对谈,发现她丈夫的"才致"不如嵇、阮。现代有人说他们的至交是一种同性恋关系,这是从何说起?

嵇康与阮籍是至交,不仅因为同是竹林的成员,也因两人的才情性行有相似之处,故当时即以嵇阮并称。《世说新语·贤媛》中曾记这样一个故事:

山公与嵇阮一面,契若金兰。山妻韩氏,觉公与二人异于常交,问公,公曰:"我当年可以为友者,唯此二生耳。"妻曰:"负羁之妻亦亲观狐、赵,意欲窥之,可乎?"他日,二人来,妻劝公止之宿,具酒肉。夜穿墉以视之[原文为"穿墉",应是在墙上开个洞,但此事也甚奇怪,似也可解为从墙缝窥视],达旦忘反。公入曰:"二人何如?"妻曰:"君才致殊不如,正当以识度相友耳。"公曰:"伊辈亦常以我度为胜。"

山涛夫人有才识,又富于好奇心,她好奇丈夫和嵇、阮初次见面,为什么就这样投机,所以,等两人第二次来时,就劝丈夫留他们宿在家里,还在墙上开个洞去窥视,竟至通宵。因为第一次见面时,嵇阮在主人夫妇前,不免有些矜持,只有两人私底下相处时,才没有什么拘束,才能看到他们"才致"的真相。《世说》将此事列入《贤媛》篇,当是因韩氏爱才而有识力。

韩氏为什么要援引"负羁之妻亦亲观狐、赵"的典故,作为自己"意欲窥之"的理由?

晋公子重耳(晋文公)及其随从者狐偃、赵衰在流亡途中,到了曹国,"曹共公闻其骈胁,欲观其裸,浴,薄而观之"。(《左传》僖公二十三年)。骈胁是肋骨相连在一起,这当然是奇征,所以引起曹共公的好奇心。"薄"通"迫",这里是偷看的意思,因为只有在洗澡露身时才能见到(其实,凭肉眼匆匆偷看,也未必看到骈胁)。

但这是一件无礼又无聊的事情,僖负羁是曹国大夫,其妻很有头脑,便对丈夫说:"吾观晋公子之从者皆足以相国。"现在曹国做了这种无礼事情,日后晋公子返国,一定会来报复,因而劝丈夫暗将璧玉放在盘飧中,表示对重耳的友好,不同于曹共公的无礼。

山涛夫人引用这个典故,也是有些缠夹:偷窥骈胁的是曹共公,僖负羁妻看到重耳君臣是在庭堂等地方,她本人并没有偷看过重耳,也不应偷看。她之引用这一典故,大概是说明女人也可自主地去见男人,这且不去计较了。

荷兰学者高罗佩曾著《中国古代房内考》,在第五章中,作者谈到同性恋故事,先引了李白和孟浩然、白居易和元稹,是"这类男性亲密友情的典范",言下之意,似乎有此嫌疑,"这类友谊是否有同性恋的性质是有争议的问题"(其实是从来无人"争议"过),后来又说"上述四位诗人无一是明显的同性恋",最后便找到嵇阮身上,还说是"的确有过硬的反证"。过的什么硬?就是《贤媛》篇所记的故事。

下面是作者所要发挥的"过硬"论证,只好照抄了:

"异于常交"几字已经意味着同性恋关系,但这点是由山涛夫人援引负羁之妻的例子来证实的。她讲的是一个关于晋公子重耳的古老故事。公元前六三六年，重耳及其随从狐偃和赵衰避难曹国。曹公闻其骈胁，想偷看重耳裸体来证实这一点。于是，曹公和一个叫僖负羁的官员以及后者的妻子，在重耳及其随从洗澡的房间的墙上开了一个洞。观后，那位官员的妻子说，这两位随从皆可以相国。显然，她是根据她所窥见的裸体男人的肉体动作而不是他们的谈话才这样讲。因此很明显，山涛夫人选用这个典故是想表明她想验证嵇康和阮籍是否确有暧昧关系。

实在错得太多、太离奇了！

"异于常交"是指山涛和嵇阮二人的情谊，因为这时只有一面之缘，便契若金兰，所以山涛夫人觉得奇怪，所以要试比一下三人的"才致"，而且即使只指嵇、阮二人，也不能武断为"已经意味着同性恋关系"。

观骈胁的只是曹共公一个人，也不是墙上开了一个洞（《左传》只说"薄而观之"），那是山涛夫人的事，作者却说成三个人：共公、僖负羁、僖妻，都在偷看"裸体男人的肉体动作"。洗浴的只是重耳一人，并无狐、赵等随从人员。曹共公只是出于好奇而观骈胁，并无肉体动作之类杂念。

竹林七贤

注释之二中说：《国语》"认为偷看裸体男人主要是负羁之妻"，也是大错。这有什么主要与次要？《国语·晋语》记此事与《左传》无重大歧异，《晋语》说："僖负羁之妻言于负羁曰：'吾观晋公子贤人也，其从者皆国相也。'"这是指重耳及其从者刚到曹国时羁妻对他们的印象，上文已说过。羁妻很知礼节，并以共公观骈胁为无礼，怎么忽然成为偷看裸体的主要人物呢？

下面再说《世说》这件事。

《房内考》作者先确定偷看重耳的"主要"是负羁妻，或者说她也是其中之一，于是又联系到"负羁之妻"云云，以为山涛夫人所窥视的必是嵇、阮的"肉体动作"，这还算什么贤媛？嵇、阮也何至放荡到这个地步？当时两人共眠是很普通的事，山涛就曾与石鉴共宿，还用脚踢过石鉴。

魏晋人重风度、重才识、重器度，因而喜欢品评人物，山涛夫人是贤媛，对丈夫的朋友自很重视。《世说》中每多才致、识度、器量、神气等词汇，这些抽象的概念，用什么样的现代话来表达，实在不容易，但总之山涛夫人要窥视的是嵇、阮的"才致"，看了以后，觉得她丈夫的"才致"不如嵇、阮，所以还是以"识度"相交为宜，山涛即说"伊辈亦常以我度为胜"。《晋书》称山涛有器量，性温雅，这也是抽象的话，但与嵇、阮个性有明显不同，却是事实。

《左传》和《国语》记载观骈胁一事上，行文还不算怎样深奥艰涩，《房内考》作者，先对僖负羁妻的言行作了错误的理解，对山涛夫人也是如此，并以此作为嵇、阮同性恋"过硬的反证"，用中国的成语来说，也就是厚诬古人了。其实，我们只要用常识来想一想，就不会有这样错误的论断，例如在春秋时代，一个大臣的妻子，怎会去偷看客人的洗浴？

幸运的阮步兵

阮籍厌恶虚矫庸俗的礼数,追求自然与率性,他毫不忌讳地与邻家妇人饮酒,醉卧妇人身旁;他见不相识的女子死了,前往吊祭,十分尽哀。他刻意用这些放诞的行为来远离政治旋涡,变成了"天下之至慎者"。

《孟子·离娄上》曾记载这样一个故事:"淳于髡曰:'男女授受不亲,礼与?'孟子曰:'礼也。'曰:'嫂溺则援之以手乎?'曰:'嫂溺不援,是豺狼也。男女授受不亲,礼也;嫂溺援之以手者,权也。'"

那是说,嫂子掉在水里了,要不要用手去救援她呢?淳于髡为什么不问兄溺援之以手呢?就因一个是男人,一个是女人,只有到女人掉在水里,有生命危险时,男人才能接触她的手,否则,便要成为豺狼。〔前几年在报上看到一则新闻,说是有几个姑娘在浴室洗澡,不想煤气漏了,外面的一些男人得知后,还在争论应不应进去抢救裸体的女人。与此倒也可对照。]

淳于髡原是当比喻来问的,他又是滑稽列传中人物,所以问的也很滑稽,已在常识之外,孟子答得也很风趣。《孟子》中"揠苗助长"的故事,就被西洋人收入笑话史中。

《史记·陈丞相世家》中记载,陈平年轻时很穷,也长得漂亮,和哥哥住在一起,有人问陈平:"贫何食而肥若是?"他的嫂子讨厌陈平在家不理生计,便答道:"亦食糠核耳,[《晋书·王戎传》:王戎儿子王万,"少而大肥,戎令食糠而肥愈甚"。岂食糠能致肥耶?]有叔如此,不如无有。"她的丈夫听到后,便将她逐出家门。

这一段看似琐屑平淡,其实很重要,是史公故意经营的笔墨。

后来陈平由魏无知的引荐而归附汉王刘邦,颇受重用,却被灌婴等妒忌,进谗言说:"臣闻平居家时盗嫂。"如果陈平真的和嫂子有暧昧的话,嫂子怎么会说厌恶他的话?但"盗嫂"的谣言已经流传,所以史公于前面故意这样写。

刘邦曾经问过魏无知"盗嫂"事,《汉书》却多了这几句:汉王问曰:"有之乎?"无知曰:"有。"这是《史记》没有的,《汉书》这样一加,倒像是事实了。

《世说新语·任诞》："阮籍嫂（阮熙妻、阮咸母）尝还家，籍见与别。或讥之，籍曰：'礼岂为我设也？'"刘孝标注："《曲礼》：'嫂叔不通问。'故讥之。"清文宗在热河逝世后，顾命大臣杜翰也以"嫂叔不通问"为理由，阻止恭亲王奕䜣入见两宫。

嫂叔不通问的重心在对付嫂，即在亲属之间，也不使妇女和男人接触。阮籍当然不是从维护女权出发，而是觉得这只是世俗之礼，不必受其拘束，他的白眼，就是对付"礼俗之士"。

《任诞》又记两事："阮公邻家妇，有美色，当垆酤酒。阮与王安丰常从妇饮酒，阮醉，便眠其妇侧。夫始殊疑之，伺察，终无他意。"末两句，《晋书》作"籍既不自谦，其夫察之亦不疑也"。这一酒家夫倒也很放达，也因是熟客，既经伺察，觉得阮籍终无他意，便信任了。但无论如何，这样的酒家夫还是很难得的。

刘孝标注又引王隐《晋书》曰："籍邻家处子有才色，未嫁而卒。籍与无亲，生不相识，往哭，尽哀而去。其达而无检，皆此类也。"这三个小故事，《晋书》都有记载，都是根据《世说》的，因而也被讥为多小说家言，其实正史也需要一些"闲言语"，可以透视人物的真实性格，《晋书》并作小结说："其外坦荡而内淳至，皆此类也。"淳至意即纯洁诚挚,也是史臣所要赞扬的。就阮籍本人而言,对女性的接近,未始没有"女性感"上的满足,这是在同性身上不能得到的,但他自己有个限度,即是"内淳至",大概就是到醉卧妇侧为止了,虽然究竟还是过分了。

他追求自然真率,厌恶虚伪庸俗的礼节,常长啸于山林,或将身子裸露,但文明的演进,又必然增加了对人的约束与抑制,任诞率意若到了不近人情,同样会使人感到矫情。

司马昭曾称阮籍是"天下之至慎者",因为他"未尝臧否人物",这大概是指政治上的。他的《咏怀》诗,后人不易理解,但忧谗惧祸保身的心事还是反映得很明白,他的性格却是外向的,常常有傲慢放纵的行为。他生活在丧乱之世,知道应当怎样谨慎对待,却不同于苟全性命于乱世。政治上的谨慎,性格上的任诞,两者之间本难截然分开,到性格冲动时,谨慎就会失控,说是"未尝臧否人物"(原是嵇康说的),也是相对而言,竹林集团晤对时,谁知道他说些什么,难道就只说些风花雪月?有一次,他在司马昭座上,曾说:"嘻!杀父乃可,至杀母乎!"这是冷话,一开头还加上一声"嘻"。弄得不好,也会被看做无法无天。君父并尊,得罪纲常,得罪名教,就是得罪朝廷。司马昭闻而惊异,说:"杀父,天下之极恶,而以为可乎?"这话原是说得对的,阮籍便以"禽兽知母而不知父,杀父,禽兽之类也。杀母,禽兽之不若"的俏皮话来搪塞,《晋书》说是"众乃悦服",恐也是不存心跟他为难。

那么,阮籍为什么得天独厚,与嵇康的结局有惨舒之别呢?因为司马昭要保全他,也因为要保全他,就说他是"天下之至慎者"了。我们真为幸运的阮步兵而捏把汗,后来他作劝进九锡文,似乎也可以谅解了,只是他内心的感触如何,起伏如何,已不可知。《晋书》上说他已把这一任务忘记了,使者到他府上去索取时,只见他正据案醉眠,使者告诉了他,他才下笔,于是一笔到底,改也没改,仿佛又清醒过来了。

伯仁由我而死

> 周伯仁向晋元帝上表,替王导求情,却被王导误以为见死不救,导致后来王敦欲杀周伯仁时,王导冷漠不语。周伯仁死后,震惊了王导彷徨的心灵。他为什么不向王导说"我曾经营救过你"?他孤寂的灵魂深处到底在想什么?

这是一个熟典,寒夜重读,还觉得有意思,也可写成短篇的历史小说。

王导(字茂弘)是东晋名相,与元帝为患难君臣。他的堂弟王敦,为晋武帝女婿,任镇东将军兼都督六州诸军事,却是一个野心家,素惧仆射周颢(字伯仁),每见周颢便面热。由于过江之初王氏一门族大势盛,民间有"王与马(指司马氏),共天下"之谣,元帝因而对王导有些疏忌,而以刁协、刘隗、戴渊(若思)等为心腹,以抑王氏之权。刁、刘劝元帝出亲信以镇方面，尽除诸王。

元帝永昌元年（公元322年），王敦以讨刁协、刘隗为名，自武昌举兵反，王导率宗族二十余人，每日往尚书台待罪。周𫖮将入禁中，王导呼之曰："伯仁，以百口累卿！"意思要周𫖮保全他一家大小性命。周𫖮直入不理，见了元帝，力言王导忠诚，申救恳切，元帝纳其言。𫖮喜饮酒，至醉而出。导犹在台中，又呼之，𫖮不理睬，只向左右说："今年杀诸贼奴，取金印如斗大，系肘后。"接着，又向元帝上表辩白王导无罪。这些经过，王导自然不明白，因而心里甚恨周𫖮。

元帝听从周𫖮之言，便将朝服还给王导，王导稽首曰："逆臣贼子，何代无之，不意今日近出臣族。"元帝赤足而执其手曰："茂弘，方寄卿以百里之命，是何言邪！"

后来王敦进攻京城（建康），官军败绩，胁制元帝，元帝乃以王敦为丞相，都督中外诸军事。王敦有参军吕猗，性奸谄，有刀笔才，周𫖮为尚书时，吕猗曾为尚书郎，甚恶之，这时吕猗便对王敦说："周𫖮、戴渊，皆有高名，足以惑众，近者之言，曾无怍色，公不除之，恐必有再举之忧。"王敦对周、戴本来嫉恨，听了更中其意，便问王导说："周、戴南北之望（周，汝南人；戴，广陵人），当登三司无疑。"这是一种试探。三司指太尉、司徒、司空。王导不回答。王敦又问:"若不三司,止应令仆邪?"令、仆指尚书令及左右仆射。王导又不答。敦便道:"若不尔,正当诛尔!"导又不答。王敦便遣部将捕颛和渊。颛经太庙时,大声道:"贼臣王敦,倾覆社稷,枉杀忠臣,神祇有灵,当逆杀之。"押送的人,以戟伤其口,血流至足,周颛神色自然,观者皆为流涕,遂被杀于石头城的南门外。

后来王导检理中书省的档案,看到周颛救自己的表文,内容十分恳切,乃执表流涕,悲不自胜,告诉诸子说:"吾虽不杀伯仁,伯仁由我而死。幽冥之中,负此良友。"

读一些历史,可以知道我们的祖先还有许多心事和创痛。王导的忏悔,倒真的触及灵魂,天良一线。真正的出于真诚的忏悔,一个人的生平也只能是一次、两次。周颛之目未瞑,王导之心何尝能平静呢?那么,周颛事先为什么不可以向王导说"我曾营救过你"?这正是周颛用心良苦之处。余嘉锡《世说新语笺疏》引宋施德操《北窗炙輠录》卷上云:"禹锡问余曰:'周伯仁救王导,逮事已解,固尝同车入见,虽告之以相救之意,庸何伤?卒不告,后竟遇害。伯仁亦口口。'余曰:'不然,此所以见古人用心处也。元帝与王导,岂他君臣比?同甘共苦,相与奋起于艰难颠沛之中。今以王敦,遂相猜疑如此,此君子所以深惜也。故伯仁之救导,欲其尽出于

王敦设谋乱政

元帝,不出于己,所以全君臣终始之义。伯仁之贤,正在于此。'"余氏案云:"此论推勘伯仁心事可谓入微。"

但王导对王敦的拥兵谋反,并非不知道,后人因此对王丞相颇有责备,王夫之《读通鉴论》卷十三,以为王导"以庇其宗族为重,而累其名节者也",所以不得称为纯臣。赵翼《廿二史札记》卷七,说得更尖锐了:元帝信用刁协、刘隗、戴渊等为心腹而排抑豪强,疏忌王氏,王敦固然憎恶,同样为王导所恶，由于宗族上的亲私，所以王导"既不阻其称兵，反欲借敦以诛异己"，故王敦初次起兵，专欲除刁、刘、戴数人，正与王导之意相合，因而也不得称纯臣。可见臣节之纯，实在不容易。

人是复杂的，阅历愈多，官位愈大，权欲也往往愈强；也因为人总是复杂的，所以又有其清夜扪心的天良召唤的时节，就王导对周顗的终身负疚来说，也还是真纯的、可信的。

王献之终身之憾

王羲之、王献之父子并称"二王"。王献之死前唯一憾事，便是与郗氏离婚，就像陆游与唐婉离婚，成为陆游的终身之憾一样，这件事深深撞击着一代大书法家的心灵，至死不能释怀。

陆游与唐氏（唐婉）的离婚，成为他的终身之憾。陆游在八十四岁时，即他逝世前一年，在《禹寺》中说："绍兴年上曾题壁，观者多疑是古人。"又在《春游》之四中说："也信美人终作土，不堪幽梦太匆匆。"

这件事颇与东晋大书法家王献之和郗氏离婚事相似。

献之字子敬，羲之之子。早年曾娶郗昙之女道茂，后离婚。《世说新语·德行》云："王子敬病笃，道家上章应首过，问子敬：由来有何异同得失？子敬云：不觉有余事，唯忆与郗家离婚。"此处的道家指五斗米道，为王氏世代崇信，首过指自首过失。献之之意，唯一憾事便是与郗氏离婚。

《淳化阁帖》九有献之帖云："虽奉对积年，可以为尽日之欢，常苦不尽触额之畅。方欲与姊极当年之足（雅），以之偕老，岂谓乖别至此。诸怀怅塞实深，当复何由日夕见姊耶。俯仰悲咽，实无已已，唯当绝气耳。"此帖黄伯思《东观余论》上以为是与郗家帖，并引《世说》此条为证。吴翌凤《逊志堂杂钞》己集、余嘉锡《世说新语笺疏》皆曾引述，但《淳化阁帖》九尚有献之一帖云："相迎终无复，日凄切在心，未尝暂掇。一日临坐，目想胜风，但有感恸，当复如何？常谓人之相得，古今洞尽此处，殆无恨于怀，但痛神理与此而穷耳。尽此感深，殆无置处，常恨，况相遇之难，而乖其所同。省告，不觉泪流。既已往矣，亦复何言。献之白。"颇疑此帖也是致郗氏的，或与郗氏离婚有关。

陆、唐之离，由于婆媳不和；王、郗之离，不知出于什么原因。《世说新语笺疏》引程炎震云："其离婚之故不可知，或者守道不笃，如黄子艾耶？宜其饮恨至死矣。"献之后又与新安公主结婚。公主初嫁桓济（桓温之子），再嫁献之，或许是他更怀念郗氏的原因。

绝代美女

甄氏与曹操父子

曹操、曹丕父子为了袁家媳妇甄氏而争夺过，曹植也被认为对甄氏若有所思。甄氏与三人的关系与传说，夹杂着人性、伦理、权力、情爱等诸多纠葛，使得这个第一家庭充满矛盾与冲突，是非曲折，引人遐思。

甄氏是后汉末期河北一个尤物，由于曹植写过一篇《洛神赋》，李善在《文选》注中说这是曹植因怀念甄氏而作，本名《感甄赋》，甄氏之子魏明帝（曹叡）见后改为《洛神赋》。此事全出附会，学者已有辨正。曹植曾写过《辩道论》，力辟神仙，故此赋当是他感慨自己身世之作。但经李善注后，影响极为深远，如元稹《代曲江老人百韵》云："班女恩移赵，思王赋感甄。"直到今天，还有人相信李注，至于戏剧小说的传播，更不必说了。

甄氏原是袁绍之子袁熙之妻。袁绍令冀州牧时，镇于邺（今河北临漳）。建安九年，曹操平冀州，曹丕随军入邺，见甄氏艳色，乃纳之。这时甄氏二十三岁，长曹丕五岁，曹植只十三岁，即使早熟，也不至想娶甄氏为妻。

曹丕《典论·内诫》云："上（指曹操）定冀州，屯邺，舍绍之第。余亲涉其庭，登其堂，游其阁，寝其房。栋宇未堕，陛除自若，忽然而他姓处之。绍虽蔽乎，亦由恶妇。"甄氏所居者不知何阁何房？破邺城为八月二日，纳甄当在此数日间。他在此文之首，还说过这样的话："三代之亡，由乎妇人，故诗刺艳妻，书诫哲妇（多计谋的妇人）。"接下来又力斥袁家诸妇的妒悍，与他行为上的掠艳，倒是很有趣的对照。甄氏的结局，亦因妒忌而被曹丕赐死，可能对袁家妇女已有成见。

卢弼《三国志集解》按语云："范书《孔融传》云：曹操攻屠邺城，袁氏妇子多见侵略，而操子丕私纳袁熙妻甄氏。据此，则当日见侵略者不独甄氏，谓为私纳非迎娶可知。战胜之后，恣意虏掠，匆匆将去，何暇议婚娶之礼乎？"

可见曹操破邺时屠戮淫纵之酷烈，曹丕正是以征服者的威力，将此一尤物掠为己有，难怪孔融要说"武王伐纣，以妲己赐周公"的怪话。曹操因孔融博学，以为史传中真有这样记

洛神图

载，后来遇见孔融，问他出典，孔融答道："以今度古，想其然也。"这又增加了曹操对孔融的恶感，终于有"覆巢之下"的悲剧。

甄氏归曹后，起先很受宠幸。有一次，曹丕欢宴诸文士，使夫人甄氏出拜，座客皆伏地致敬，只有刘桢平视（直视甄氏之面）。曹操得知后大怒，便罚刘桢服劳役。刘桢《赠徐干诗》："谁谓相去远，隔此西掖垣。拘限清切禁，中情无由宣。……步出北寺门，遥望西苑园。细柳夹道生，方塘含清源。轻叶随风转，飞鸟何翩翩。乖人易感动，涕下与衿连。"当是出城服劳役时所作。北寺为后汉监狱名，因在宫省北面，故名。

刘桢字公幹，为建安七子之一，后人亦与曹植并称曹刘。钟嵘《诗品》中称为"昔曹刘殆文章之圣，陆谢为体贰之才"，又云："陈思已下，桢称独步。"但刘桢文才实不能与曹植并驾，王士禛《陈思王墓下作》即有"名岂齐公幹"语。论者以为曹公通脱，不拘小节，并能爱才，但其凌侮士人亦甚可怪。刘桢所平视的是甄氏，怎么竟使做公公的曹操大怒？果要大怒，也应当是曹丕。

后人对《洛神赋》的李注，也有明知为附会而在掉弄词藻时，仍然合而为一，当做风月来吟赏的，亦见尤物惑人之力，王士禛《官渡》云："别驾亡来万事非，夕阳官渡客行稀。袁家新妇应惆怅，剩与陈王咏宓妃。"别驾即后来的长史，这里指田丰。田丰曾劝袁绍勿与曹操决战，袁绍不纳，军败后又将田丰杀害。所以王诗这样说。袁宏道《邺城道》之三也有"残粉迎新帝，妖魂逐小郎"句（六朝时称夫弟曰小郎），下句即指曹植赋洛神事。

《世说新语·惑溺》还记载这样一个故事："魏甄后惠而有色，先为袁熙妻，甚获宠。曹公之屠邺也，令疾召甄，左右白：'五官中郎（指曹丕）已将去。'公曰：'今年破贼，正为奴！'"

"惑溺"是迷恋之意，"奴"指罪人子女或俘虏。故事是说，曹操破邺城后，急急忙忙叫人找甄氏来。左右说，已被五官中郎带走了。曹操说，我今年占领邺城，正为了这个袁家女人。语似含激动意。

这样看起来，曹氏父子又曾为袁家媳妇而争夺过，只是曹丕抢先了一步。曹公好色，路人皆知，但《三国志·甄后传》裴注引《魏略》：曹丕见甄氏之美，颇为赞赏，"太祖闻其意，遂为迎娶"。则娶甄原出太祖之意，《惑溺》篇的记载，因而又成为一个谜。乱世佳人，恰巧逢到了曹氏父子，于是连小郎也被牵扯进去了。

貂蝉形象的蜕变

《三国演义》中,塑造的妇女形象很少,貂蝉是极突出的一个,却又是过于理想化的形象:一个十八岁的歌舞美人,在政治上已经成熟到可以扮演一个置政敌于死命的女间谍了吗?看了之后,总觉得非血肉之躯,而具有偶像色彩。

正史上一句两句话,被小说戏剧家看中后,就可以成为曲折离奇、锣鼓喧天的闹剧素材,而又多由倾国倾城的美女名姬作为金针来穿线,现在还在舞台上演出的《吕布与貂蝉》就是一个例子。

旧时曾将西施、昭君、貂蝉、杨贵妃称为四大美人,可是貂蝉却是个虚构人物,她的影子只出现在《三国志·吕布传》上:

> 卓自以遇人无礼,恐人谋己,行止常以布自卫。然卓

性刚而褊,忿不思难,尝小失意,拔手戟掷布。布拳捷避之,为卓顾谢,卓意亦解,由是阴怨卓。卓常使布守中阊(阁),布与卓侍婢私通,恐事发觉,心不自安。

貂蝉

这说明董卓原是对吕布很信任，把吕布当做保镖，后来因为"小失意"，竟至以戟掷布，吕布赶快避开，董卓虽已息怒，吕布却由此心怀怨恨。但真正作为貂蝉故事核心的只是"布与卓侍婢私通"这句话，不过董卓并未发觉，吕布却在担心了。

接下来写王允厚待吕布，吕布向王允诉说差一点被刺死事，于是定计欲除董卓。估计吕布不会向王允直言与侍婢私通事，这本来是一件无足轻重的小事情，陈寿却偏写上这一句，仿佛故意留给后人凑热闹，就像留遗产那样留给后人引出是非。

《后汉书·吕布传》抄自《三国志》，但《董卓传》中记他被吕布刺死前，有这样几句话："卓朝服升车，既而马惊堕泥，还入更衣。其少妻止之，卓不从，遂行。"有人以为这个少妻就是与吕布私通的侍婢。错的。少妻即妾，与侍婢有别，她大概已预感到外面的局势将对董卓不利。

总之，吕布与董府侍婢一事，点了一笔，就此结束，只是一个默默无闻的少女，到了《三国志平话》里，却起了绝大波澜，丞相王允政治斗争的成败得失，就寄托在她身上。

有一天，王允归宅下马，在后花园的小庭闷坐，忽见一妇人在烧香，自言不得归乡，故家长不能见面，在此焚香再拜。王允自念吾忧国事，此妇人因甚祷祝，便去问她，她连忙跪下，据实说道："贱妾本姓任，小字貂蝉，家长是吕布。自临洮府相失，至今不曾见面，因此烧香。"丞相大喜："安汉天下，此妇人也。"便对貂蝉说："吾看你如亲女一般看待"，并将金珠缎匹送给她。

王允因而请董卓赴宴，令貂蝉歌唱。后来又请吕布赴会，说："老汉亦亲女看待。选吉日良时，送貂蝉于太师府去，与温侯完聚。""吕布大喜，天晚告归。"这是王允定的计，存心使吕、董火拼。

王允将貂蝉送至董府中，董卓便与貂蝉饮酒。吕布闻而大怒，便将董卓刺死，貂蝉与吕布夫妻团圆。后来吕布被曹操所斩，貂蝉下落不明。

因为是平话，所以文字粗陋，层次凌乱，情节荒唐，只是据民间传说传抄凑合，想到什么就写什么，例如吕布之妻怎么会流落在王允后花园中？［吕布自有妻，《吕布传》引《魏氏春秋》曰："布妻曰：'昔曹氏待公台（指陈宫）如赤子，犹舍而归我。今将军厚公台不过于曹氏，而欲委全城，捐妻子，孤军远出，若一旦有变，妾岂得为将军妻哉。'布乃止。"则吕布妻也曾有流失之忧，不知是否为《三国志平话》之据？］从故事看，王允固然想为国除奸，但和貂蝉本不相识，所以并非两人合谋，貂蝉只是

貂蝉形象的蜕变 / 163

一个夫妻失散、焚香默祷的思妇而已。但平话作者，从《吕布传》的一句话，请来了一位女主角，加强了传奇性，为后来的《三国演义》开了窍，还是有它开创之功的。

在《三国演义》里，貂蝉是司徒王允府中一个十八岁的"歌舞美人"，即家伎。王允听到貂蝉于月下的牡丹亭畔长吁短叹，便喝问道："贱人将有私情耶？"貂蝉立即正色跪于王允面前答道："妾之贱躯，自幼蒙大人恩养，训习歌舞，未尝以婢妾相待，作亲女视之。……妾见大人两眉愁锁，必有国家大事，妾不敢问，解大人之忧。今晚又见大人行坐不安，因此长叹，不想大人窥见，倘有用妾之处，万死不辞。"王允以杖击地曰："谁想汉天下却在汝手中耶？随我到画阁中来。"到了阁中，王允教貂蝉端坐于中，叩头便拜。

于是两人便密定连环计，"汝于中取便，谍间他父子分颜，令布杀卓，以绝大恶"，也就是教貂蝉去做置政敌死命的女间谍了。

《三国演义》中，塑造妇女形象的很少，貂蝉是突出的一个，却又是过于理想化的形象：一个十八岁的"歌舞美人"，政治上已经成熟到这个程度了吗？看了之后，总觉得非血肉之躯，而具有偶像色彩。

旧小说传播的大多为传统的忠义思想，如《水浒》原

董太师大闹凤仪阁

名《忠义水浒传》。连环计也是这样，王允对国家尽忠，貂蝉对王允尽义；王允是司徒、大人物，貂蝉是家伎、小人物。反过来，董卓对国家不忠，吕布对董卓不义。

《三国演义》第八回毛宗岗评云："十八路诸侯不能杀董卓，而一貂蝉足以杀之；刘关张三人不能胜吕布，而貂蝉一女子能胜之，以衽席为战场，以脂粉为甲胄，以盼睐为戈矛，以笑颦为弓矢，以甘言卑词为运奇设伏，女将军真可畏哉。"又云："为西施易，为貂蝉难，西施只要哄得一个吴王，貂蝉一面要哄董卓，一面又要哄吕布，使出两副心肠，妆（装）出两副面孔，大是不易。我谓貂蝉之功，可书竹帛。……最恨今人讹传关公斩貂蝉之事；夫貂蝉无可斩之罪，而有可嘉之绩，特为表而出之。"

毛氏与金圣叹同乡，圣叹评《水浒》颇得好评，所以，毛氏的评语也是效法圣叹的。但从另一方面说，无论西施还是貂蝉，都是以美色而使人亡国丧命，那么，说来说去，还是替女祸论作了注脚。

毛氏提到的关公斩貂蝉事，见于明传奇《连环计》：曹操使关羽擒吕布，貂蝉百计媚关羽，羽怒而斩之。王世贞诗曰："心心托汉寿，语语厌温侯。"（引自《曲海总目提要》卷四）盖指此也。那么，貂蝉仍然没有好下场。关羽是英雄好汉，在这里代表忠义，因而成为貂蝉的克星，后人也有替貂蝉不平的，故亦作"关公月下赞貂蝉"。

李夫人与李延年

倾城倾国的李夫人,与工于声律的李延年,同样得宠于汉武帝。李夫人死后,武帝令方士设帐招魂,与李夫人的"影子"相见。这个故事,为帝王的情欲世界提供了一面镜子:以色服人,色衰而爱弛。

白居易《长恨歌》首二句云:"汉皇重色思倾国,御宇多年求不得。"《李夫人》末二句云:"人非木石皆有情,不如不遇倾城色。"这是以汉武帝的李夫人比喻唐玄宗的杨贵妃,题下有注云:"鉴嬖惑也。"诗中的倾国与倾城,就是用李夫人之兄李延年的歌词:"北方有佳人,绝世而独立。一顾倾人城,再顾倾人国。宁不知倾城与倾国,佳人难再得。"颜师古注云:"非不吝惜城与国也,但以佳人难得,爱悦之深,不觉倾覆。"

李夫人本是倡女,即歌女、乐人,曾生一子昌邑哀王。李延年也擅歌舞。后来李夫人病危,武帝前往探望。她因患病已久,自知容貌枯瘦憔悴,故而蒙着被褥不愿见武帝,只以她儿子和兄弟相嘱托,武帝再三劝说,还是执意不肯露面,武帝很不高兴,只得走了。她的姊妹曾责备她,不应这样对待皇

李夫人

帝,她说:"所以不欲见帝者,乃欲以深托兄弟也。我以容貌之好,得从微贱爱幸于上。夫以色事人者,色衰而爱弛,爱弛则恩绝。上所以挛挛顾念我者,乃以平生容貌也。今见我毁坏,颜色非故,必畏恶吐弃我,意尚肯复追闵录其兄弟哉!"(《汉书·外戚传》)用心良苦,也实在可怜。人主谁不好色?而后宫中人所以能够获得皇帝的宠幸,无非是色,有色才能惑主,别的都不重要,现在满脸病容,一身瘦骨,还能给皇帝以好印象?她的主意并没有错。

李夫人终于逝世了,汉宫失去一个尤物,武帝以皇后礼下葬,可见对她的深情,从此老是想念她。方士李少翁说是能招夫人之魂,便在夜里张灯烛,设帷帐,陈酒肉,又教武帝处在另一座帐帷里。只见有一个像李夫人那样的美女,先回幕帐而坐,然后徐步而出。武帝却不能走近看望,这就更增加了他的悲哀与相思,便作了一首诗:"是邪,非邪?立而望之,偏何姗姗其来迟!"这是最早的一首悼亡诗,潘岳《悼亡诗》之二的"独无李氏灵,仿佛睹尔容"句,就是用这一典故。李商隐《李夫人》之一的"一带不结心,两股方安髻。惭愧白茅人,月没教星替",之二的"剩结茱萸枝,多擘秋莲的。独自有波光,彩囊盛不得",也是借李夫人以悼其妻王氏。

《李夫人》中,先写方士合灵药以煎玉釜,使李夫人降魂于九华帐中，后则云："又不见，泰陵（指玄宗）一掬泪，马嵬坡下念杨妃。纵令妍姿艳质化为土，此恨长在无销期。"实是借宾定主，移李接杨，所以陈寅恪先生《元白诗笺证稿》云："故读《长恨歌》必须取此篇参读之，然后始能全解。盖此篇实可以《长恨歌》著者自撰之笺注视之也。"

《长恨歌》后半段写方士为解玄宗辗转相思之苦，于是上穷碧落下黄泉，于金阙玉扃中会见妃子一事，固属诗人驰骋之词，但汉武设帐招魂故事，后世必在仿行。高彦休《唐阙史》卷下"韦进士见亡妓"条，记京兆韦进士因痛悼一潞妓，后由嵩山韦处士替他设灯燃香，招致亡魂。"俄顷，映帏微出茜服。少选，斜睇而立，幽芳怨态，若不自胜，韦惊起拜泣。"韦生乃赋以诗云："惆怅金泥簇蝶裙，春来犹见伴行云。不教布施刚留得，浑似初逢李少君。"

亡魂出现于帷幕的情节固属荒诞，但方士设帐招魂之举，在汉唐必很流行，就像后世的关亡一样。我们如将民间关亡情节写成故事，不是也可写得活灵活现吗？招魂的滥觞，自在更早的殷周时代，但敷饰于诗歌，成为巫术性的文学作品，当是楚辞。

李夫人卒后，武帝任李广利为贰师将军，封海西侯，李延年为协律都尉。但李延年之获宠，并非仅因裙带之故，而是另有一个原因。《汉书·佞幸传》云："延年坐法腐刑，给事狗监（管理天子之狗的机关）中。……而与上卧起，其爱幸埒韩嫣。"韩嫣也是"常与上卧起"的。后来苻坚时有"一雌复一雄，双飞入紫宫"的两句歌谣，因而也被误认为是在讽刺李氏兄妹。

在这卷《佞幸传》中，大部分是这一流角色，汉高祖时已有籍闳，惠帝时有闳孺，"此两人非有材能，但以婉媚贵幸，与上卧起"，而又衣冠楚楚，面敷脂粉。汉文帝号称明主，却厚宠蜀人邓通，邓通无专长，却会吮文帝之脓疮，文帝赐他蜀中铜山，邓氏之钱遂遍布天下。还有一个长得很漂亮的董贤，哀帝为他而"断袖"，荷兰学者高罗佩《房内考》的第二编，就说"从此'断袖'这个词就成了男子同性恋的文言表达"。

《汉书》赞曰："柔曼之倾意，非独女德（此指行为），盖亦有男色焉。"可见李氏兄妹的贵盛，实兼女色男色的双重魅力，不过，李延年后来因罪被诛灭族，自也因李夫人已死之故。色衰爱弛，人亡更加恩绝了。

卓文君的归宿

卓文君是寡妇,她的私奔行为又极叛逆,在父权社会中绝不允许,不会将她当做正室,很可能司马相如与她私奔之前就已娶妻了。他们佳话的流传,还是因为才子佳人、琴挑户窥的缘故。

曹植的《洛神赋》,收录于《文选》后,李善为《文选》作注,加了一段感甄的故事,于是凌波的女神,遂成为邺下的艳妇,引起了千古的疑议、多士的歌咏。司马相如的《长门赋》,正文前也有一篇序:"孝武皇帝陈皇后,时得幸,颇妒。别在长安宫,愁闷悲思。闻蜀郡成都司马相如,天下工力文,奉黄金百斤为相如文君取酒,因于解悲愁之辞。而相如为文以悟主上,陈皇后复得亲幸。"

此赋最初也见于《文选》,但序非李善所加,是好事者附会而加，而此事此赋，后人颇有怀疑。

先引梁玉绳《史记志疑》卷二十六："《索隐》曰：'皇后废居长门宫，司马相如为作颂以奏。皇后复亲幸。作颂信有之，复幸恐非实也。'明张伯起（凤翼）《谭辂》曰：'陈后买赋一事，千古以为美谈。予谓此事所必无，以武帝之明察，能读《子虚》而称美，则非不知文者，倘读《长门》，独不能辨其非后笔耶？究所从来，死有余罪矣，相如何利百金取酒，而冒为之哉？当是相如知后失宠，拟作此赋，一时好事者添为此说耳。'"（丛书集成本张凤翼的《谈辂》，无此一则。）说相如不会因百金取酒而冒这个大风险，说得很风趣也很有道理；说相如知陈皇后失宠，拟作此赋，未必正确，因为这同样是冒险的。顾炎武《日知录》卷十九《假设之辞》原注也说："《长门赋》乃后人托名之作。相如以元狩五年卒，安得言'孝武皇帝'哉？"这是说，相如比汉武帝死在前，怎么会称武帝之谥？〔《史记》记有人告发相如出使时曾受金，因而失官。受陈后黄金事，或由此附会。〕

我们再从《汉书·陈皇后传》来看，武帝废陈后事，为当时一件大狱，株连者达三百余人，怎么会因《长门》一赋而又幸陈后？《汉书》云："后数年，废后乃薨，葬霸陵郎官亭东。"可见陈后仍以"废后"而终其身。

卓文君

1996年，上海古籍出版社出版了金国永的《司马相如集校注》，人民文学出版社也出版了朱一清、孙以昭的《司马相如集校注》。金氏指出，陈皇后罢退乃元光五年（公元前130年）事，正相如为中郎将使蜀之时，故与史实不合，但他以为陈皇后事固属不经，却不能疑此赋亦为伪作，并以为此赋当是相如失官后"自为文"，固不为无见，但《长门》与《上林》等赋风格大异，也确有可疑之处。

朱、孙本也认为"陈皇后复得亲幸，与史实不相符，解释此赋创作缘起的序是后人所加"，而在前言中又说，《长门赋》"细致地描摹了陈皇后失宠后的复杂心理，开后世宫怨诗之先河"。陈后买赋事，最初仅见于这篇序文，今既说与史实不符，序为后人所加，前提不存在了，又怎见得此赋是在描摹"陈皇后失宠后的复杂心理"？

然而最使我感到兴趣的是序中"奉黄金百斤为相如文君取酒"这句话。撇开序的真伪不论，却由此带来一个疑问，相如在西京写《长门赋》时，文君是否同在一起？说得明白些，文君与相如是否偕老？相如初见文君时，年约三十六岁，当时是否未曾结婚？

《汉书·司马相如传》：相如拜中郎将后，奉使至蜀，"太守以下郊迎，县令负弩矢先驱，蜀人以为宠。于是卓王孙、临邛诸公皆因门下献牛酒交欢。卓王孙喟然而叹，自以得使女尚司马长卿晚，乃厚分与其女财，与男等"。卓王孙原是看不起相如的，这时也显得前倨而后恭了，而《汉书》所记文君事迹亦至此而止。后来相如回长安，《汉书》未明言文君同行，如果没有下文说的疑点，明言与否，本来不重要。

后来相如因病免官，家居茂陵，武帝使人往其家悉取其遗书，"而相如已死，家无遗书。问其妻，对曰：'长卿未尝有书也。时时著书，人又取去'"。这个妻究竟指谁？《史记》《汉书》皆未注。可以有两种解释，一是当然指文君，那么，为什么不明白写出？前面都是明言文君的。另一种解释是，故意写"其妻"，以示有别于文君。

《西京杂记》三："司马相如将聘茂陵人女为妾，卓文君作《白头吟》以自绝，相如乃止。"文君《白头吟》原词已佚（文君是否作过《白头吟》也是疑问），《西京杂记》中所记故事，原未可尽信（如记因昭君出塞而斩画工事），但说明后人也以为文君与相如后来不在一起，而相如曾有情变之意。两本《司马相如集校注》，都附有相如《报卓文君书》，金本是把它当做真品，朱、孙本断为"好事者之伪作"，甚是。文云："五味虽甘，宁先稻黍，五色有灿，而不掩韦布。唯此绿衣，将执子之釜。锦水有鸳，汉宫有木，诵子嘉吟，而回予故步，当不令负丹青感白头也。"从文风看,也绝非西汉人之作。锦水指文君的蜀中,汉宫指相如的西京,同样说明伪托者以为文君与相如是两地分居,未曾偕老。所以,《史》《汉》所记之妻,说不定是相如的发妻,如果是妾,不会随便称妻的。

文君与相如的共同生活,只是临邛与成都那段时期,恐未曾到过长安,她的归宿之地当在故乡临邛。文君是寡妇,又是私奔,在当时的社会风气下,不会将她当做正室的。他们佳话的流传,还是因为才子佳人、琴挑户窥之故。

昭君出塞的真相

> 汉朝既以昭君赐单于,则昭君必是天生丽质,而此一丽质尚待诏掖庭,猜想她心中必有怨意,由怨意而又有自请之行,然后便有元帝惊艳。我们从文学的眼光来看,倒是很有欣赏价值。

昭君出塞的故事,为历代文人所吟咏议论,大都同情昭君的遭遇,而责备汉廷的薄情,昭君则以满腔怨恨而离宫。江淹《恨赋》即说:"若夫明妃去时,仰天太息。紫台稍远,关山无极。"杜甫《咏怀古迹》的"一去紫台连朔漠,独留青冢向黄昏",及"千载琵琶作胡语,分明怨恨曲中论",为吊昭君诗中的绝唱。但马上琵琶,本为江都王刘建女嫁乌孙王事,昭君出塞时是否如此,已不可知,或如《古今乐录》所说"送明君亦然也"的推想之词(见《乐府诗集》卷二十九)。

昭君出塞

汉廷为什么要把这样一个尤物送到塞外？先得引《西京杂记》：汉元帝后宫很多，宫人因而难得相见，于是命画工画成肖像，看到肖像上漂亮的，就召入宫中，一些宫人便向画工行贿。昭君却不肯，因而无法见到元帝。等到出塞时，元帝见到昭君，已来不及了。元帝便追究画工，又将他们斩首，"京师画工，于是差希"，毛延寿只是著名的一个。

这是小说所说的，再来看看正史。

正史帝纪所载的都是大事件。《汉书·元帝纪》于竟宁元年（公元前33年），只记两年事，第一件是匈奴呼韩邪单于来朝，元帝下诏云："呼韩邪单于不忘恩德，乡慕礼义，复修朝贺之礼，愿保塞传之无穷，边垂（陲）长无兵革之事。其改元为竟宁，赐单于待诏掖庭王樯为阏氏。"其实是一件政治婚姻。

王樯应作王嫱，但嫱不是昭君之名，而是妃嫔之称，昭君本人只有这个名字。又，郡国献女子至京师，在未被皇帝召见时，便在宫中的旁屋里等待，故曰待诏。

正史中有关昭君本人的史料，本来很简单。《后汉书·南匈奴列传》云："初，元帝时，以良家子选入掖庭。时呼韩邪来朝，帝敕以宫女五人赐之。昭君入宫数岁，不得见御，积悲怨，乃请掖庭令求行。呼韩邪临辞大会，帝召五女以示之。昭君丰容靓饰,光明汉宫,顾景徘徊,竦动左右,帝见大惊,意欲留之,而难于失信,遂与匈奴。"

那是说,元帝见昭君艳姿后,有后悔之意,但无斩画工事。《世说新语·贤媛》有画工受赂事,但也无被斩事。这里有一点使人疑问:《汉书》记载呼韩邪来朝是在竟宁元年正月,同年五月,元帝即逝世。在这四个月中,元帝应该是在病中,怎么还会在呼韩邪临辞时(当在二三月间)"召五女以示之",见了昭君又大为惊异?

余嘉锡《世说新语笺疏》,对此事曾有考证,先引王观国《学林》卷四云:"观国案:《前汉·元帝纪》曰:'匈奴呼韩邪来朝,诏赐单于待诏掖庭王嫱为阏氏。'盖单于请婚,当时朝议许与单于和亲,则汉之君臣讲之素定矣。及单于来朝,而以待诏王嫱为阏氏,预选定也。其礼义恩数,皆已素定,非临事而为之也。而《后汉书·匈奴传》乃谓'以宫女五人赐之',又谓'昭君自求行',又谓'呼韩邪临朝辞,帝召五女以示之……'此皆误也。盖王嫱为阏氏者,行婚礼也。若以宫女五人赐之,则何人为阏氏耶?汉既许婚矣,必待单于临辞,然后以五女示之耶?《后汉书·匈奴传》所言王昭君一节,首尾皆乖谬之甚。杀画工毛延寿之事,尤不可信。按匈奴和亲,乃汉家大事,若以宫女妻之,而未尝简阅其人,凭画图以定大事，恐当时君臣，不如此之卤莽。汉赐单于阏氏，乃披画图择貌陋者赐之，又非和亲之意。盖小说多出于传闻，不可全信。"

余氏按语云："《汉书》明言呼韩邪愿婿汉氏以自亲，则其意在求尚汉公主，非如《杂记》以《世说》所言，但求美女而已。汉以呼韩邪已为藩臣，与汉高和亲时强弱不侔，不欲以宗女妻之，而赐之以后宫良家子。故昭君之为阏氏，汉所命也，岂泛赐以宫女数人，而使之自择者哉？且如《后汉书》之说，则昭君之下嫁匈奴，乃出于其所自请，初非因画工毁其容貌，元帝案图而遣之也。《杂记》之说，真颜师古所谓'其书浅俗，出于里巷，多有妄说'者矣。"可是这影响却极为深远，直到现在还是这样。

我姑妄揣之，《后汉书》所以有这样一段记载，恐是从《元帝纪》赐单于待诏掖庭云云而来，因为汉既以昭君赐单于，则昭君必是天生丽质，而此一丽质尚待诏掖庭，猜想心中必有怨意，由怨意而又有自请之行，然后便有元帝惊艳。我们从文学的眼光看，倒是很有欣赏价值。

昭君在匈奴曾生二子，呼韩邪死后，其前妻所生子代立，欲以昭君为妻，昭君上书求归，成帝（元帝子）令从胡族，只得又做了后单于的阏氏。《世说》刘孝标注引《琴操》云："昭君有子曰世违。单于死,世违继之。凡为胡者,父死妻母。昭君问世违曰:'汝为汉也,为胡也?'世违曰:'欲为胡耳。'昭君乃吞药自杀。"从行文看,这个儿子好像是昭君自己生的,但胡人尚不至有这种陋俗。昭君曾生一子伊屠知牙师,被左贤王所杀,昭君本人并非自杀,但她的最后结局,就不清楚了。

小乔夫婿是英雄

孙策与周瑜同年,都是少年英雄;大乔与小乔这对姊妹花同是江东国色。周瑜纳小乔,孙策纳大乔,雄姿英发的天下豪杰,得与乱世佳人相结合,这么完美的故事自然要传为千古佳话了。

我们在京剧里看惯了诸葛亮由须生(老生)饰演、周瑜由小生饰演的场面,并有周郎之称,总以为诸葛亮(公元181—234年)的年龄大于周瑜(公元175—210年),实则周瑜比诸葛亮大上六岁,但周瑜享年确实不长。后世又称两人才力匹敌者为"一时瑜亮",这也是出于《三国演义》写周瑜临终时,仰天长叹"既生瑜,何生亮"的故事,实则亮与瑜生前并没有多大的直接交涉。

周瑜与孙策同年,瑜居舒城(今属安徽)时,扩道南大宅以寓策,升堂拜母,有无相通。

建安七年,曹操挟势迫使孙权委任子(以亲属作人质),大臣有犹豫不决者,孙权本人原不想遣质,便独领周瑜至母前定议,瑜力陈送质之弊,权母曰:"公瑾议是也。公瑾与伯符同年,小一月耳,我视之如子也,汝其兄事之。"遂不送质。可见周瑜之于孙吴,不仅有政治上的效忠,还有伦理上的比附。权母即孙坚之妻吴氏,也是孙吴的女主。孙策在世时也说:"周公瑾英俊异才,与孤有总角之好、骨肉之分。"

谈到周郎,自然会想到小乔,如东坡《赤壁怀古》词说的:"遥想公瑾当年,小乔初嫁了。"但这位小乔,究竟是谁家的女儿?

据《三国志·周瑜传》:瑜从孙策攻皖城(今安徽潜山县北),"时得桥公两女,皆国色也。策自纳大桥,瑜纳小乔"。乔、桥二字,汉代通用。

当时孙、周年二十五。裴注云:"策从容戏瑜曰:'桥公二女虽流离,得吾二人为婿,亦足为欢。'"则二乔正是乱世佳人,识豪杰于江湖,她们的身世却引起后人的怀疑。

后汉末有一个桥玄,梁国睢阳(今河南商丘)人,官至太尉,颇为曹操尊敬,卒后,曹操曾撰文祭奠,中有"斗酒只鸡,过相沃酹"语,后人遂以为二乔即桥玄之女,沈钦韩即说:"桥公者太尉桥玄也,汉制,为三公者方称公。"赵翼以精博见称,其《桥公墓》诗也有"生有只鸡留戏笑,死犹两女嫁英雄"语。实皆附会之词。

所谓"桥公",原是尊称,并非仅限三公(太尉为三公之一)。卢弼《三国志集解》,举孙权呼张昭为张公、程普为程公之例以驳之,张、程就不是三公。又云:二乔之父为皖县人,桥玄为睢阳人,两不相涉,"果为玄女,则阿瞒方受知于玄,铜雀春深,早已如愿相偿,伯符、公瑾不得专此国色矣"。说得很风趣,驳得很中肯。二乔若为桥太尉之女,何至流离于江东呢?桥玄有子桥羽,官至任城(今山东济宁)相,则桥羽姊妹更不会流离南方。

其次,桥玄生于永初三年(公元109年),卒于光和六年(公元183年),享年七十五。他死时,孙、周只有九岁。桥玄即使在六十岁时,其侧室生下两女,年龄也要大孙、周好几岁。

孙、周同庚,又皆少年英雄,二乔为江东国色,故后人传为佳话,历代吟咏其事的颇多,杜牧《赤壁》的"东风不与周郎便,铜雀春深锁二乔"即著名的一首。实则曹操建铜雀台,在赤壁之战以后。明代还有以"二乔观兵书图"为题的诗,如高启、汤胤绩等,倒真像不爱红妆爱武装了。

《三国志集解》引云：舒州怀宁县有桥公亭，在县北，隔皖水一里，今亭溪为双溪寺。王士禛《渔洋诗话》云："二乔宅在潜山县，近三祖山，故山谷诗云：'松竹二乔宅，雪云三祖山。'今遗址为彰法寺。余甲子过之，有诗云：'修眉细细写松山，疏竹泠泠响佩环。霸气江东久销歇，空留初地在人间。'"虽地以人传，然蛾眉故宅已废为头陀寺院，或亦可作色空之别解。

袁枚有《周瑜墓》二律云："天生一将定三分，才貌遭逢总出群。大母早能知国士，小乔何幸嫁夫君。能抛戎马听歌曲，未许蛟龙得雨云。千载墓门松柏冷，东风犹自识将军。"其二云："旌旗指日控巴襄，底事泉台遽束装？一战已经烧汉贼，九原应去告孙郎。管萧事业江山在，终贾年华玉树伤。我有醇醪半尊酒，为公惆怅奠斜阳。"周瑜卒于巴丘，后人因此又附会为今岳阳一中学内有小乔墓，但周瑜灵柩后即还吴，孙权曾迎之于芜湖。

梁章钜《楹联丛话》卷四载一联云："大帝君臣同骨肉，小乔夫婿是英雄。"十四字却雍容豪健，落落大方。

史载孙策有一子三女，周瑜有二子一女，瑜女配太子孙登，子周循尚公主，早卒，周循弟周胤，封都乡侯，恐皆非二乔所生，故史中于二乔称为"纳"。孙、周之正妻皆不见于正史,反不如二乔之名传千古,而小乔以周郎之故尤著称于诗词。(古人早婚,孙、周于二十五岁纳二乔时,不可能尚无正妻。孙权在未为帝王时,即已有谢氏、徐氏、步氏三夫人。)

刘备与灵泽夫人

刘备娶孙权之妹,是一桩各怀鬼胎的政治婚姻。成亲之后,由于互相猜忌,两人并没有住在一起。对孙夫人来说,一个二十来岁的闺女,嫁与四十九岁的刘备,周遭对她多怀敌意,让她有如栖身荆棘。三年多的老少配,终不免要以悲剧收场了。

《三国演义》第五十回《玄德智激孙夫人 孔明二气周公瑾》,写刘备和孙夫人逃出东吴,来到刘郎浦,望江沉吟时,曾引用"后人"一首七绝:"吴蜀成婚此水浔,明珠步幛幄黄金。谁知一女轻天下,欲易刘郎鼎峙心。"

这所谓"后人"诗,实是中唐吕温的《过刘郎浦口号》,但第二句应作"谁将一女轻天下"。这一字之差,却与吕诗原意似是而非了。

刘郎浦在今湖北石首县,所谓"先主纳吴女处"。其先本为江边沙滩,后来由此得名。石首西南的阳岐山,因刘孙行婚礼时绣幛如林,也改名绣林山。石首城原很贫瘠,杜甫自公安往岳州途中,曾作《发刘郎浦》诗,中有"舟中无日不沙尘,岸上空村尽豺虎"语,可见其荒凉之状。

荆州共有八郡,周瑜曾给刘备在江南的四郡,刘备嫌地少不足容众,还想得到江汉间四郡,便于建安二十三年至京口(今江苏镇江)去见孙权"借荆州"。据赵翼《廿二史札记·借荆州之非》所说,江南四郡原为刘备自己所得,不能说是孙吴借给刘备,荆州本为刘表之地,并非吴之故物。

当时周瑜上疏孙权说,刘备是枭雄,要孙权盛筑宫室,多置美女"以娱其耳目",这便是"美人计"之所本。刘孙联姻,大约即在次年,不过并不是在京口成亲,而是将孙夫人送往荆州。这时刘备四十九岁,孙权二十九岁,孙夫人的年龄不可考,但和刘备相差自在二十岁以上。正如卢弼《三国志集解·先主传》中所说,孙权以其妹"嫁此近五十之老翁,史文'进妹固好'四字,大可玩也"。

孙夫人的事迹,在《三国志·蜀书》中提到的共四处,都很简略,只有在《法正传》中,略可见到她的才性:才捷刚猛,有诸兄之风,侍婢多到百余人,皆执刀侍立,因而使刘备"衷心常凛凛"。胡三省于《通鉴》引此句下注云:"恐为所图也。"实在已超过"娱其耳目"的范围。袁枚曾有《孙夫人诗》:"洞房如雪刀光秋,信有人间作婿愁。烛影摇红郎半醉,合欢床上梦荆州。"这类题材,正好给子才发抒才情。

为什么要在《法正传》中记叙她的刚猛?因为法正能够制伏她。刘备在公安时,诸葛亮即感到"东惮孙权之逼,近则惧孙夫人生变于肘腋之下"。幸有法正辅佐刘备。后来刘备入益州,裴注引《赵云别传》云:"此时孙夫人以权妹骄傲(自恃是孙权之妹而骄傲),多将吴吏兵,纵横不法。"所以刘备事先将赵云留在公安营中以相钳制,足见她确实成为蜀国的威胁。《三国志平话》甚至说周瑜定计,要孙权使其妹暗杀刘备。京剧《回荆州》中,演刘备于江边见诸葛亮驾舟到来,急忙抢先上船,孙夫人立即"嗯"地哼了一声,又白了一眼,刘备连忙说:"请郡主上船。"这个小小的微妙的动作,大大加强了全剧的凉意,这一对新婚夫妇各自的内心隐秘,一刹那间就泄露出来。

成亲之后,由于互相猜忌,两人没有住在一起,孙夫人住在公安城(即孱陵)西,遂和刘备同城异域,故城中有吴国官兵听她指挥。对孙夫人来说,以一个二十余岁的闺女,只身远嫁,周围对她又多怀敌意,她何尝不是栖身荆棘呢?月明星稀，大江东去，举目云天，这心境也是凄凉难堪的。

孙夫人后来所以还吴，原因之一，可能是刘备又想娶穆皇后。穆皇后姓吴，谥穆，本是刘瑁遗孀。《穆皇后传》云："先主既定益州而孙夫人还吴，群下劝先主聘后。"但刘瑁和刘备同族，所以刘备事先有顾忌，孙夫人自也已觉察，就乘刘备在益州时，回到东吴。《三国志集解》引王昙曰："舟船之迎（指孙权遣舟船迎妹），实夫人见几之哲。"这中间，未始没有负气，而将吴氏进之于刘备宫中的正是法正，所以清人严遂成《彝陵吊孙夫人》有"中宫正位吴夫人，妹乃徘徊中断绝。阿兄误我母则亡，刘郎薄幸心如铁"语。但更重要的，还是孙权派诸葛瑾求索荆州诸郡，刘备虚词敷衍，两国关系又紧张起来，后人因此推测，孙权将妹迎回，也为日后争荆州作部署。

孙夫人离刘后的行止，史传即再未涉及，后世却有离奇的传说，如元人林坤《诚斋杂记》就说她回到焦矶，"溺水而死，今俗呼为焦矶娘娘"。顾炎武《日知录》卷三十一《蝼矶》："芜湖县西南七里，大江中蝼矶，相传昭烈孙夫人自沉于此，有庙在焉。"

孙夫人的嘉号又有灵泽夫人之称，也因"自沉"而得名，黄仲则有诗云："空江日落黯祠门，仿佛云裳涕泪痕。一恸无由恩已绝,两家多故事难言。千秋杜宇休啼血,万里苍梧合断魂。终古湘灵有祠庙,流传真伪更难论。"三四两句,颇能曲达孙夫人的心事,实可单独作祠宇的楹联。五句指刘备在蜀,六句用娥皇、女英泣舜典故,嫌太熟。黄氏好友洪亮吉也写过《蠙矶夫人像为方廉使昂赋》:

"庙门斜对石矶开,一日灵潮两度来。好属锦鳞三十六,刘郎浦口寄书回。""锦鳞三十六"原指鲤鱼,这里指孙夫人投水而死的传说。

"识力居然轶辈群,卷中依约说三分。二乔莫更夸夫婿,天下英雄只使君。"这是在翻高。

"一舸翩翩下武昌,归宁以后史难详。惠陵松柏如南指,尚认江东作婿乡。"第二句说得最客观也最令人遗憾,第三句的惠陵指刘备陵墓,在四川华阳西南。

"吴头楚尾路迢迢,家国多年恨未消。咫尺望夫山上石,一般心事付江潮。"

"一赋惊鸿谤议腾,寓言词客本难凭。洛川终古留遗恨,不及江波彻底澄。"这是说,曹丕的甄后因《洛神赋》而被后世议论纷纷,不及孙夫人生平之澄明。

方昂曾任贵州按察使(也称廉访使),其妹方寿善画,这幅画像可能出自她的手。

刘皇叔洞房续佳偶

约与黄、洪同时的梁章矩，在他的《楹联丛话》卷六中，也有一段记载，说是蟂矶夫人祠有徐文长一联："思亲泪落吴江冷，望帝魂归蜀道难。"事后，文长在梦中见夫人来谢。这副对联是否出于文长之手，原是疑问，思亲句指孙夫人之思念其母吴氏，尤与事实不相符，因吴氏死于建安十二年（一作七年），孙夫人出嫁在建安十四年，则她离吴之后，即无亲可思，上引严诗也说"阿兄误我母则亡"。

王士禛《带经堂诗话》卷十四，录有张宗柟附识，也提到此联："工绝，惜未详其氏名矣。"可见非徐文长作。王士禛自己也有《蟂矶灵泽夫人祠》二首，其一："白帝江声尚入吴，灵祠片石倚江孤。魂归若遇刘郎浦，还记明珠步障无？"其二："霸气江东久寂寥，永安宫殿莽萧萧。都将家国无穷恨，分付浔阳上下潮。"

孙吴联姻，以喜剧形式出现，以悲剧形式结束，联姻并未使蜀吴息争止衅，孙夫人实是政治牺牲品，她与刘备相处大约仅三年，后人对她故亦深为惋惜。

国家新闻出版广电总局
首届向全国推荐中华优秀传统文化普及图书

‖ 大家小书书目

经典常谈	朱自清 著
语言与文化	罗常培 著
习坎庸言校正	罗 庸 著 杜志勇 校注
鸭池十讲（增订本）	罗 庸 著 杜志勇 编订
古代汉语常识	王 力 著
国学概论新编	谭正璧 编著
文言尺牍入门	谭正璧 著
日用交谊尺牍	谭正璧 著
敦煌学概论	姜亮夫 著
训诂简论	陆宗达 著
金石丛话	施蛰存 著
常识	周有光 著 叶 芳 编
文言津逮	张中行 著
中国字典史略	刘叶秋 著

古典目录学浅说	来新夏 著
闲谈写对联	白化文 著
怎样使用标点符号（增订本）	苏培成 著
诗境浅说	俞陛云 著
唐五代词境浅说	俞陛云 著
北宋词境浅说	俞陛云 著
南宋词境浅说	俞陛云 著
人间词话新注	王国维 著　滕咸惠 校注
苏辛词说	顾 随 著　陈 均 校
诗论	朱光潜 著
唐诗杂论	闻一多 著
诗词格律概要	王 力 著
唐宋词欣赏	夏承焘 著
槐屋古诗说	俞平伯 著
词学十讲	龙榆生 著
词曲概论	龙榆生 著
中国古典诗歌讲稿	浦江清 著
	浦汉明　彭书麟 整理

唐人绝句启蒙	李霁野	著
唐宋词启蒙	李霁野	著
古典文学略述	王季思 著	王兆凯 编
古典戏曲略说	王季思 著	王兆凯 编
唐宋词概说	吴世昌	著
宋词赏析	沈祖棻	著
道教徒的诗人李白及其痛苦	李长之	著
闲坐说诗经	金性尧	著
陶渊明批评	萧望卿	著
舒芜说诗	舒芜	著
名篇词例选说	叶嘉莹	著
唐诗纵横谈	周勋初	著
楚辞讲座	汤炳正 著	
	汤序波 汤文瑞	整理
好诗不厌百回读	袁行霈	著
山水有清音		
——古代山水田园诗鉴要	葛晓音	著

门外文谈	鲁　迅　著
我的杂学	周作人　著　张丽华　编
论雅俗共赏	朱自清　著
文学概论讲义	老　舍　著
中国文学史导论	罗　庸　著　杜志勇　辑校
给少男少女	李霁野　著
鲁迅批判	李长之　著
英美现代诗谈	王佐良　著　董伯韬　编
三国谈心录	金性尧　著
夜阑话韩柳	金性尧　著
英语学习	李赋宁　著
漫谈西方文学	李赋宁　著
历代笔记概述	刘叶秋　著
笔祸史谈丛	黄　裳　著
古典诗文述略	吴小如　著
有琴一张	资中筠　著
鲁迅作品细读	钱理群　著
唐宋八大家 ——古代散文的典范	葛晓音　选译

红楼梦考证	胡　适	著
《水浒传》与中国社会	萨孟武	著
《西游记》与中国古代政治	萨孟武	著
《红楼梦》与中国旧家庭	萨孟武	著
《金瓶梅》人物	孟　超　著	张光宇　绘
水泊梁山英雄谱	孟　超　著	张光宇　绘
《红楼梦》探源	吴世昌	著
《西游记》漫话	林　庚	著
细说红楼	周绍良	著
红楼小讲	周汝昌　著	周伦玲　整理
曹雪芹的故事	周汝昌　著	周伦玲　整理
古典小说漫稿	吴小如	著
三生石上旧精魂 ——中国古代小说与宗教	白化文	著
《金瓶梅》十二讲	宁宗一	著
古体小说论要	程毅中	著
近体小说论要	程毅中	著
文学的阅读	洪子诚	著
中国戏曲	么书仪	著

中国史学入门	顾颉刚 著	何启君 整理
秦汉的方士与儒生	顾颉刚 著	
三国史话	吕思勉 著	
史学要论	李大钊 著	
中国近代史	蒋廷黻 著	
民族与古代中国史	傅斯年 著	
五谷史话	万国鼎 著	徐定懿 编
民族文话	郑振铎 著	
史料与史学	翦伯赞 著	
唐代社会概略	黄现璠 著	
清史简述	郑天挺 著	
两汉社会生活概述	谢国桢 著	
中国文化与中国的兵	雷海宗 著	
两宋史纲	张荫麟 著	
明史简述	吴晗 著	
北宋政治改革家王安石	邓广铭 著	
从紫禁城到故宫 　　——营建、艺术、史事	单士元 著	
史学遗产六讲	白寿彝 著	

司马迁之人格与风格	李长之 著
司马迁	季镇淮 著
唐王朝的崛起与兴盛	汪篯 著
二千年间	胡绳 著
论三国人物	方诗铭 著
考古发现与中西文化交流	宿白 著
中国古代国家的历史特征	张传玺 著
艺术、神话与祭祀	张光直 著
	刘静 乌鲁木加甫 译
中国古代衣食住行	许嘉璐 著
中国古代史学十讲	瞿林东 著
黄宾虹论画	黄宾虹 著
中国绘画史	陈师曾 著
和青年朋友谈书法	沈尹默 著
中国画法研究	吕凤子 著
桥梁史话	茅以升 著
中国戏剧史讲座	周贻白 著
俞平伯说昆曲	俞平伯 著 陈均 编

新建筑与流派	童寯 著
论园	童寯 著
拙匠随笔	梁思成 著 林洙 编
中国建筑艺术	梁思成 著 林洙 编
沈从文讲文物	沈从文 著 王风 编
中国画的艺术	徐悲鸿 著 马小起 编
中国绘画史纲	傅抱石 著
中国舞蹈史话	常任侠 著
海上丝路与文化交流	常任侠 著
世界美术名作二十讲	傅雷 著
中国画论体系及其批评	李长之 著
金石书画漫谈	启功 著 赵仁珪 编
吞山怀谷 ——中国山水园林的艺术	汪菊渊 著
中国古代音乐与舞蹈	阴法鲁 著 刘玉才 编
梓翁说园	陈从周 著
旧戏新谈	黄裳 著
民间年画十五讲	王树村 著 姜彦文 编
民间美术与民俗	王树村 著 姜彦文 编

长城史话	罗哲文	著
中国古园林概说	罗哲文	著
现代建筑奠基人	罗小未	著
世界桥梁趣谈	唐寰澄	著
如何欣赏一座桥	唐寰澄	著
桥梁的故事	唐寰澄	著
园林的意境	周维权	著
万方安和 ——皇家园林的故事	周维权	著
现代建筑的故事	吴焕加	著
中国古代建筑概说	傅熹年	著

国学救亡讲演录	章太炎	著	蒙木	编
简易哲学纲要	蔡元培	著		
大学教育	蔡元培	著 北大元培学院		编
老子、孔子、墨子及其学派	梁启超	著		
中国政治思想史	吕思勉	著		
天道与人文	竺可桢	著	施爱东	编

春秋战国思想史话	嵇文甫 著		
晚明思想史论	嵇文甫 著		
新人生论	冯友兰 著		
中国哲学与未来世界哲学	冯友兰 著		
谈美书简	朱光潜 著		
中国古代心理学思想	潘菽 著		
民俗与迷信	江绍原 著	陈泳超 整理	
佛教基本知识	周叔迦 著		
儒学述要	罗庸 著	杜志勇 整理	
希腊漫话	罗念生 著		
佛教常识答问	赵朴初 著		
大一统与儒家思想	杨向奎 著		
孔子的故事	李长之 著		
西洋哲学史	李长之 著		
乡土中国	费孝通 著		
社会调查自白	费孝通 著		
经学常谈	屈守元 著		
墨子与墨家	任继愈 著		
汉化佛教与佛寺	白化文 著		
中西之交	陈乐民 著		

出版说明

"大家小书"多是一代大家的经典著作,在还属于手抄的著述年代里,每个字都是经过作者精琢细磨之后所拣选的。为尊重作者写作习惯和遣词风格、尊重语言文字自身发展流变的规律,为读者提供一个可靠的版本,"大家小书"对于已经经典化的作品不进行现代汉语的规范化处理。

提请读者特别注意。

北京出版社